reinhardt

AF627500

Caterina Gawrilow • Lena Guderjahn •
Andreas Gold

Störungsfreier Unterricht trotz ADHS

Mit Kindern und Jugendlichen Selbstregulation trainieren – ein Manual für Lehrkräfte

Unter Mitarbeit von Thomas Dahm
3., aktualisierte Auflage

Mit Online-Arbeitsblättern

Ernst Reinhardt Verlag München

Prof. Dr. *Caterina Gawrilow* lehrt und forscht an der Eberhard Karls Universität Tübingen und am Zentrum für Individuelle Entwicklung und Lernförderung (IDeA) in Frankfurt/Main. Von der Autorin außerdem im Ernst Reinhardt Verlag erhältlich: „ADHS“ (UTB-Profile 978-8252-3289-4) und „Lehrbuch ADHS“ (UTB-M 978-8252-4614-3).
Dr. *Lena Guderjahn* ist Mitarbeiterin an der Psychotherapeutischen Beratungsstelle für Studierende der Goethe-Universität Frankfurt/Main.
Prof. Dr. *Andreas Gold* ist Seniorprofessor am Institut für Psychologie der Goethe-Universität Frankfurt/Main.
Thomas Dahm war bis 2021 Schulleiter des privaten Gymnasiums in Esslingen (PGE).

Bibliografische Information der Deutschen Nationalbibliothek

Die Deutsche Nationalbibliothek verzeichnet diese Publikation in der Deutschen Nationalbibliografie; detaillierte bibliografische Daten sind im Internet über <http://dnb.d-nb.de> abrufbar.
ISBN 978-3-497-03150-4 (Print)
ISBN 978-3-497-61705-0 (PDF-E-Book)
ISBN 978-3-497-61706-7 (EPUB)

Printed in EU
Covermotiv: © contrastwerkstatt – Fotolia.com
Fotos im Innenteil: © image 100 ltd.
Satz: JORG KALIES – Satz, Layout, Grafik & Druck, Unterumbach

Ernst Reinhardt Verlag, Kemnatenstr. 46, D-80639 München
Net: www.reinhardt-verlag.de E-Mail: info@reinhardt-verlag.de

Inhalt

Die Informations- und Arbeitsblätter stehen auf der Homepage des Ernst Reinhardt Verlags unter http://www.reinhardt-verlag.de zum Download zur Verfügung.

Vorwort zur 3. Auflage

Beinahe jede Lehrerin und jeder Lehrer kennt diese Kinder und Jugendlichen: Sie kommen im Unterricht nicht mit und träumen häufig. Oder sie stören andere durch ihre Unruhe, können nicht warten, bis sie an der Reihe sind, und haben Wutausbrüche. Möglicherweise leiden sie unter der Aufmerksamkeitsdefizit-/Hyperaktivitätsstörung (ADHS). Unter Lehrerinnen und Lehrern ist die ADHS in den letzten Jahren immer häufiger Gesprächsthema. Trotzdem sind sich Lehrkräfte oft unsicher: Was ist ADHS eigentlich genau? Was mache ich beim Verdacht auf ADHS? Und vor allem: Was kann ich im Unterricht tun, um Schülerinnen und Schüler mit ADHS besser zu unterstützen?

Mit diesem Buch, das nun in der 3., aktualisierten Auflage vorliegt, möchten wir zunächst versuchen, die Fragen zum Thema ADHS zu beantworten, die aus Sicht der Lehrkräfte von Bedeutung sind. Anschließend stellen wir ein Trainingsprogramm vor, das Sie als Lehrerin oder Lehrer selbstständig im Unterricht einsetzen können. Da die Inhalte des Trainings von Ihnen und den SchülerInnen festgelegt werden, kann das Training mit Schülern aller Altersstufen und Schulformen durchgeführt werden.

Bei der Erstellung dieses Trainingsprogramms haben wir in einem interdisziplinären AutorInnenteam zusammengearbeitet: Prof. Caterina Gawrilow leitete seit 2002 das ADHS-Projekt, welches seit 2009 am IDeA-Zentrum der Goethe-Universität und des DIPF Frankfurt verortet war und lehrt nun Schulpsychologie an der Eberhard Karls Universität Tübingen. Dr. Lena Guderjahn promovierte mit einer Arbeit zur empirischen Überprüfung von Selbstkontrolltrainings für Kinder mit ADHS und ist nun Mitarbeiterin an der Psychotherapeutischen Beratungsstelle für Studierende der Goethe-Universität Frankfurt. Prof. Andreas Gold ist seit 1998 Professor für Pädagogische Psychologie an der Goethe-Universität Frankfurt. Schließlich hat Thomas Dahm, ehemaliger Englischlehrer und Schulleiter des Privaten Gymnasiums in Esslingen, nicht unwesentlich an der ersten

Auflage dieses Buches mitgearbeitet. Thomas Dahm hat Kinder und Jugendliche mit ADHS unterrichtet und kann somit Ihre Anliegen als Lehrerin bzw. Lehrer von Kindern mit Lern- und Verhaltensproblemen gut nachvollziehen.

Ein Trainingsprogramm für den Unterricht sollte auf wissenschaftlichen Erkenntnissen beruhen und empirisch fundiert sein. Gleichzeitig sollte ein Training aber so knapp und anwendungssicher wie möglich gestaltet sein. Lehrkräfte sollten es selbstständig und ohne viel Aufwand in der Schule einsetzen können. Und: Es sollte ein Training sein, das es den Kindern mit ADHS ermöglicht, in ihrem (Schul-)Alltag besser zurecht zu kommen.

Mit diesem Buch haben wir ein Trainingsprogramm entwickelt, das diese Anforderungen erfüllt. Seit Erscheinen der ersten Auflage sind gut acht Jahre vergangen, in denen wir weitere umfangreiche wissenschaftliche und praktische Erfahrungen mit Selbstregulationstrainings sammeln konnten. Aus wissenschaftlicher Sicht wurden weitere Entwicklungen der Wenn-Dann-Pläne vorgenommen, die zum Teil in dieser neuen Auflage enthalten sind. Aus praktischer Sicht haben wir vor allem Erfahrungen in Workshops und Kursen gewinnen können, die zum Ziel hatten, das in diesem Buch vorgestellte Training Lehrkräften nahezubringen. Rückmeldungen aus diesen Workshops sind ebenfalls in die Überarbeitung eingeflossen.

Wir möchten uns an dieser Stelle bei Peter Gollwitzer und Gabriele Oettingen, die in den vergangenen Jahren unter dem Akronym „WOOP“ (woopmylife.org) eine wirksame Selbstregulationsstrategie entwickelt, untersucht und verbreitet haben, für die intensive Zusammenarbeit bedanken. Außerdem danken wir den Kooperationspartnerinnen Gertraud Stadler, Beate Ditzen, Nina Knoll und Urte Scholz, mit denen in zahlreichen Treffen und Diskussionen die Arbeit zu dyadischen Plänen vorangeschritten und gediehen ist. Ein weiterer Dank gilt unseren Arbeitsgruppen, und insbesondere dem Arbeitsbereich Schulpsychologie der Eberhard Karls Universität Tübingen. Wir bedanken uns weiterhin bei Frau Annika Löffler sowie bei Frau Ulrike Landersdorfer vom Ernst Reinhardt Verlag für die tatkräftige Unterstützung bei der Erstellung dieses Trainingsprogramms. Ein

Dank gilt zudem der Robert Bosch Stiftung für die Projektförderung, die die Erstellung und empirische Überprüfung des Lehrkräftemanuals ermöglicht hat.

Jetzt wünschen wir Ihnen viel Spaß und Erfolg beim Ausprobieren!

Tübingen, Frankfurt/Main, August 2022

Caterina Gawrilow
Lena Guderjahn
Andreas Gold
Thomas Dahm

1 Was ist ADHS? Ein Überblick

Beispiel

Lukas ist 9 Jahre alt und besucht die 3. Klasse. Als Lukas im Kindergarten war, hörte er oft nicht richtig zu und war oft „in seiner eigenen Welt". Außerdem war Lukas häufig trotzig und konnte auch ziemlich wütend werden, wenn er seinen Willen nicht bekam. Lukas wollte ständig beschäftigt werden und alle Spiele, die er anfing, wurden ihm sehr schnell zu langweilig. Dass Lukas sich nicht gerne länger mit einer einzigen Sache beschäftigt, hat sich mit Eintritt in die Schule nicht gebessert, im Gegenteil: Jetzt wurde es zu einem noch größeren Problem. Hinzu kommt, dass er im Unterricht nicht richtig zuhört und die LehrerInnen und MitschülerInnen durch sein fast permanentes Kippeln und Zappeln nervt. Außerdem ist er sehr aufbrausend und impulsiv und hat daher kaum Freunde gefunden. Zuhause ist die Situation ähnlich problematisch: Lukas macht seine Hausaufgaben nur nach mehrmaliger Ermahnung und es gibt regelrechte Machtkämpfe zwischen ihm und seiner Mutter. Wenn er etwas zuhause erledigen soll, weigert er sich fast immer und ist entweder wütend oder beleidigt. Die Situation ist mittlerweile sehr belastend für die gesamte Familie und auch Lukas selbst leidet extrem darunter.

Wie viele Kinder sind betroffen?

Lukas hat die Aufmerksamkeitsdefizit-/Hyperaktivitätsstörung (ADHS). Kinder wie Lukas sind in Deutschland keine Seltenheit: Rund 6–10% der Kinder und Jugendlichen sind von einer ADHS betroffen – damit zählt die ADHS zu den am häufigsten diagnostizierten Störungen im Kindes- und Jugendalter. Kinder mit ADHS sind unaufmerksam und/oder zeigen impulsives und hyperaktives Verhalten. Im Gegensatz zu der früher weit verbreiteten Annahme, die ADHS wachse sich mit dem Alter aus, ist heute bekannt, dass ADHS-Betroffene häufig bis in das Erwachsenenalter hinein unter den Symptomen leiden.

Die Wahrscheinlichkeit, als Lehrkraft auf ein Kind mit ADHS zu treffen, ist hoch. Daher ist es aus unserer Sicht äußerst wichtig, mit dem Thema ADHS vertraut zu sein. Besonders in der Schule zeigen sich die Probleme von Kindern und Jugendlichen mit ADHS. Dies hängt einerseits damit zusammen, dass die ADHS häufig gemeinsam mit anderen schulischen Lern- und Leistungsstörungen (wie z.B. der Legasthenie oder Dyskalkulie) sowie anderen Verhaltensauffälligkeiten und psychischen Störungen (wie oppositionellen und aggressiven Verhaltensweisen, Angststörungen oder Depressionen) auftritt. Andererseits führen die Kernsymptome der ADHS (Unaufmerksamkeit, Hyperaktivität und Impulsivität) auch unabhängig von eventuell zusätzlich auftretenden Störungen dazu, dass Kinder mit ADHS in der Schule vermehrt Schwierigkeiten haben und Lern- und Leistungsprobleme aufweisen: Kinder mit ADHS bekommen eher schlechtere Noten, müssen öfter eine Klasse wiederholen und verlassen häufiger als andere Kinder (ohne ADHS) die Schule ohne einen qualifizierenden Abschluss.

Grundlegende Fragen

In diesem Einführungskapitel sollen zunächst grundlegende Fragen zur ADHS beantwortet werden: Wie entsteht die ADHS? Was sind die Symptome der ADHS? Was können Sie als LehrerIn tun, wenn Sie den Verdacht haben, dass eines Ihrer Schulkinder an ADHS leidet?

Entstehung der ADHS

Entstehungsmodell

Eine ADHS entsteht im Zusammenspiel biologischer und psychosozialer Faktoren. Ein übersichtliches Rahmenmodell zu den Ursachen der ADHS haben Döpfner und Banaschewski (2013) entwickelt.

Dieses biopsychosoziale Modell geht davon aus, dass zunächst genetische Dispositionen zu Störungen des Neurotransmitter-Stoffwechsels führen (*neurobiologische Ebene*). Diese Störungen beeinträchtigen wiederum Denk- und Wahrnehmungsabläufe sowie motivationale Prozesse (*neuropsychologische Ebene*). Kognitionspsychologische Erklärungsmodelle sprechen in diesem Zusammenhang von Defiziten der exekutiven Funktionen (d.h. von Defiziten in der Handlungssteuerung; z.B. bei der Reaktionsunterdrückung, im Planen usw.), unzureichend ausgeprägten Hemmungsmechanismen und von einer gestörten Selbstkontrolle – diese Sichtweise wird in Kapitel 3 dieses Buches noch ausführlicher dargestellt.

Die neuropsychologischen Veränderungen führen schließlich auf der Verhaltensebene zu den *typischen Symptomen* der ADHS, die auch und vor allem im Unterricht beobachtet werden können: Unaufmerksamkeit, Impulsivität und Hyperaktivität.

Häufig kommt es aufgrund dieser ADHS-Kernsymptome zu *weiteren Problemen*, vor allem in den sozialen Beziehungen der Betroffenen, was bedeutet, dass die sozialen Interaktionen von Kindern mit ADHS zu deren Eltern, Lehrern oder auch zu den Gleichaltrigen (Peers) nicht immer störungsfrei verlaufen.

Eine zusätzliche Verschärfung der Problematik kann durch das gehäufte *Auftreten weiterer Symptome* (wie z.B. weiterer Verhaltensstörungen) entstehen.

Wenn dann noch eine zusätzliche, besondere *familiäre Belastung*, wie beispielsweise Krankheiten von Familienmitgliedern oder Trennungen, hinzukommt, kann dies den Schweregrad und den Verlauf einer ADHS ungünstig beeinflussen.

genetische Verursachung der ADHS

Für eine genetische Grundlage der ADHS gibt es mittlerweile zahlreiche wissenschaftliche Belege. Kinder weisen ein erhöhtes Risiko für eine ADHS auf, wenn biologisch verwandte Familienmitglieder ebenfalls eine ADHS-Diagnose erhalten haben.

Molekulargenetische Untersuchungen lassen vermuten, dass der Entstehung einer ADHS nicht eine einzelne genetische Veränderung zugrunde liegt, sondern dass die Störung durch ein Zusammenwirken verschiedener Gene ausgelöst wird. Diese genetischen Prädispositionen bewirken beispielsweise Veränderungen (Störungen) im Dopaminstoffwechsel des Gehirns. Dopamin zählt zu den Neurotransmittern bzw. Botenstoffen, die Informationen zwischen Nervenzellen weiterleiten. Bei der ADHS sind besonders Nervenbahnen zwischen dem präfrontalen Kortex und den anderen Hirnregionen betroffen. Ein Großteil der Beeinträchtigungen von Kindern mit ADHS (z.B. ihre Defizite bei der Aufmerksamkeitssteuerung und bei der Verhaltenshemmung, aber auch bei der Emotions- und Motivationsregulation) kann auf diesen veränderten Dopaminstoffwechsel im präfrontalen Kortex zurückgeführt werden.

psychosoziale Faktoren

Natürlich spielen auch psychosoziale Faktoren und Umwelteinflüsse eine Rolle, wie zum Beispiel Rauchen und Alkoholkonsum während der Schwangerschaft oder der sozioökonomische Status einer Familie, in der ein Kind aufwächst. Man geht aber mittlerweile davon aus, dass diese nicht ursächlich an der Entstehung einer ADHS beteiligt sind, sondern mit den genetischen und neurobiologischen Faktoren in komplexer Weise zusammenwirken und die Ausprägung einer ADHS beeinflussen (verstärken oder vermindern).

Diagnostik der ADHS

Kernsymptome

Die ADHS zeigt sich in den Kernsymptomen der Unaufmerksamkeit, Impulsivität und Hyperaktivität. Diese drei Kernsymptome treten nicht bei allen ADHS-Betroffenen gemeinsam auf und können sich in ihrem Schweregrad und in ihrer Sichtbarkeit zwischen den betroffenen Personen stark unterscheiden. Neuere Studien zeigen, dass es auch innerhalb von Personen Schwankungen dahingehend gibt, dass die Kernsymptome nicht jeden Tag gleich stark von den Betroffenen empfunden werden müssen. Dies bedeutet, dass sich alle drei Kernsymptome der ADHS – Unaufmerksamkeit, Hyperaktivität und Impulsivität – in ihrem Auftreten von Tag zu Tag in Stärke und spezifischer Charakteristik unterscheiden können (Schmid et al. 2016). Dies ist natürlich auch für Lehrkräfte relevant, da sich SchülerInnen mit ADHS nicht unter allen Umständen und jederzeit gleich oder ähnlich verhalten müssen.

Erscheinungsbilder der ADHS

Kinder und Jugendliche, die unter allen drei Kernsymptomen der ADHS leiden, also unaufmerksam und hyperaktiv/impulsiv sind, können sich schlecht über einen längeren Zeitraum konzentrieren und fallen zudem durch motorische Zappeligkeit und Unruhe auf. Dies kann besonders im Unterricht stören und führt, gepaart mit impulsivem Verhalten, auch häufig zu Problemen in sozialen Interaktionen zum Beispiel mit den Eltern oder Lehrern. Jungen sind sehr viel häufiger von allen drei Symptomen der ADHS betroffen als Mädchen.

Kinder, die zwar unaufmerksam sind, aber keine oder nur wenige Symptome der Hyperaktivität/Impulsivität zeigen, sind meist als „Träumerchen" bekannt. Sie wirken häufig abwesend, scheinen nicht richtig zuzuhören und zeigen oftmals eine vergleichsweise langsame Arbeitsweise. Weil die deutlich sichtbaren hyperaktiven oder impulsiven Verhaltensweisen fehlen, fallen diese Kinder in der Klasse nicht besonders auf: Sie träumen, aber stören nicht. Oft sind Mädchen von dieser Erscheinungsform der ADHS betroffen, was problematisch sein kann, da ruhiges, verträumtes und nicht störendes Verhalten oft als geschlechtsstereotyp für Mädchen wahrgenommen wird. Bei dieser Gruppe von ADHS-Kindern müssen Außenstehende, wie zum Beispiel Lehrkräfte, besonders auf mögliche Anzeichen von ADHS achten, da diese Anzeichen nicht so sichtbar sind, wie bei Kindern mit ADHS, die zappeln und den Unterricht stören.

Ein vergleichsweise geringer Teil der ADHS-betroffenen Kinder zeigt hyperaktiv-impulsive Symptome, ohne dass Störungen der Aufmerksamkeit vorliegen. Ein solches Symptommuster ist häufiger bei jüngeren Kindern (d.h. bei Kindern im Kindergarten- oder Grundschulalter) zu beobachten – in diesem Alter sind die Symptome der Hyperaktivität und Impulsivität vermutlich noch mehr im Vordergrund als die Unaufmerksamkeit.

Die Kernsymptome der ADHS
(angelehnt an die Diagnosekriterien des DSM-5, Diagnostisches und Statistisches Manual Psychischer Störungen; APA 2013)

- **Unaufmerksamkeit**
  - macht häufig Flüchtigkeitsfehler
  - hat oft Schwierigkeiten, über längere Zeit die Aufmerksamkeit aufrechtzuerhalten
  - führt häufig Anweisungen nicht vollständig durch und kann Schularbeiten und andere Pflichten nicht zu Ende bringen
  - vermeidet häufig Aufgaben, die länger andauernde geistige Anstrengungen erfordern, wie die Mitarbeit im Unterricht oder Hausaufgaben
  - lässt sich leicht durch äußere Reize ablenken
  - ist bei Alltagstätigkeiten häufig vergesslich

- **Impulsivität**
  - platzt häufig mit Antworten heraus, bevor die Frage zu Ende gestellt ist
  - kann nur schwer abwarten, bis er an der Reihe ist
  - unterbricht und stört andere häufig

- **Hyperaktivität**
  - zappelt häufig mit Händen oder Füßen oder rutscht auf dem Stuhl herum
  - steht auf und läuft herum, wenn Stillsitzen erwartet wird
  - hat häufig Schwierigkeiten, ruhig zu spielen oder sich selbst ruhig zu beschäftigen
  - ist häufig „auf Achse“, wirkt „wie getrieben“

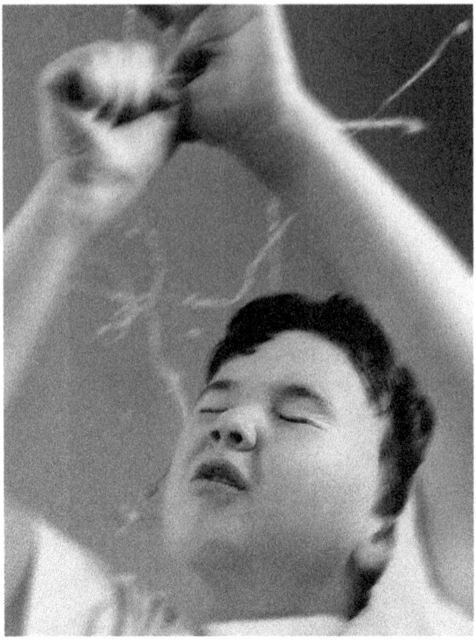

Kinder mit ADHS sind häufig in Bewegung …

Diagnosesysteme: ICD und DSM

Um eine ADHS zu diagnostizieren, werden standardisierte Klassifikationssysteme herangezogen, die im Sinne einer Checkliste genaue Kriterien zur Vergabe einer Diagnose beinhalten. Es gibt zwei diagnostische Systeme, die zurzeit Anwendung finden: Zum einen die ICD-10 bzw. ICD-11 (Internationale statistische Klassifikation der Krankheiten und verwandter Gesundheitsprobleme in der 10. bzw. 11. Auflage) der Weltgesundheitsorganisation (WHO 1991). In Deutschland sind niedergelassene Ärzte dazu verpflichtet, Diagnosen anhand der ICD-10 bzw. ICD-11 zu stellen.

Zum anderen können Diagnosen anhand von DSM-5-Kriterien (APA 2013) gestellt werden. Das DSM-5 ist ein rein auf psychische Störungen bezogenes Diagnosesystem, das Störungsbilder noch detaillierter beschreibt und dem aktuellen Forschungsstand näher ist als die ICD-10.

Mit Jahresbeginn 2022 trat die ICD-11 in Kraft, die aktuell noch in einer Erprobungsphase ist. Bis zum Jahr 2027 soll sie in der Praxis verpflichtend sein. (https://www.bfarm.de/DE/Kodiersysteme/Klassifikationen/ICD/ICD-11/_verteilerseite.html, 22.07.2022).

In die ICD-11 wurden die diagnostischen Kriterien der ADHS an das DSM-5 angepasst, welches im Folgenden ausführlicher beschrieben wird.

DSM-5

Das Diagnosesystem DSM wird von der American Psychiatric Association (APA) herausgegeben. Die dort festgelegten diagnostischen Kriterien sind forschungsbasiert und werden in regelmäßigen Abständen dem neuesten wissenschaftlichen Kenntnisstand angepasst.

Das DSM-5 unterscheidet drei Erscheinungsbilder der ADHS, und zwar das *Gemischte Erscheinungsbild* (sowohl Symptome der Unaufmerksamkeit als auch der Hyperaktivität und Impulsivität sind vorhanden) sowie ein *Vorwiegend Unaufmerksames Erscheinungsbild* und ein *Vorwiegend Hyperaktiv-Impulsives Erscheinungsbild*. Bei den beiden letztgenannten Erscheinungsbildern steht jeweils ein Symptomkomplex (entweder die unaufmerksame oder die hyperaktiv-impulsive Symptomatik) im Vordergrund, wobei auch jeweils andere ADHS-Symptome vorhanden sein können, ohne jedoch stark genug zu sein, um die Kriterien einer Störung zu erfüllen. Zur Präzisierung der Diagnose kann zudem der aktuelle Schweregrad, in Abhängigkeit von der Anzahl der vorhandenen Symptome, bestimmt werden.

Im DSM-5 wurde das Alter, das bei erstmaligem Sichtbarwerden der Symptomatik erreicht sein muss, von sechs auf zwölf Jahre angehoben. Dies trägt der Tatsache Rechnung, dass valide Diagnosen häufig auch dann gestellt werden können, wenn es im Vorschulalter noch gar keine Auffälligkeiten gab, und dass viele

ADHS-Betroffene selbst von manifesten Störungen erst um das zwölfte Lebensjahr berichten. Für Lehrkräfte bedeutet dies, dass sie nicht mehr davon ausgehen können, dass alle ADHS-Diagnosen bereits im Grundschulalter gestellt worden sind. Vielmehr muss auch in den weiterführenden Schulen mit Kindern mit typischen ADHS-Symptomen gerechnet werden, die bislang (noch) keine Diagnose erhalten haben.

Sowohl das DSM-5 als auch die ICD-11 fordern für eine ADHS-Diagnose,

(a) dass das Problemverhalten schon seit mindestens sechs Monaten besteht,
(b) dass es sich um eine situationsübergreifende Problematik handelt (die Symptome also in mehreren Lebensbereichen zugleich auftreten, z.B. zu Hause *und* in der Schule) und
(c) dass die resultierenden Beeinträchtigungen erheblich sind, dass es also in der Schule oder in den sozialen Beziehungen zu Problemen kommt.

! Um eine ADHS zu diagnostizieren, müssen die Kernsymptome (Unaufmerksamkeit und/oder Hyperaktivität-Impulsivität) seit mindestens sechs Monaten in mehreren Lebensbereichen (Schule, Elternhaus) aufgetreten sein und deutliches Leiden und Beeinträchtigungen verursachen.

Übersicht über die Diagnosen nach DSM-5 und ICD-11

DSM-5: Aufmerksamkeitsdefizit-/Hyperaktivitätsstörung

- Gemischtes Erscheinungsbild: U+H+I
- Vorwiegend Unaufmerksames Erscheinungsbild: U (H+I)
- Vorwiegend Hyperaktiv-impulsives Erscheinungsbild: H+I (+U)

U = Unaufmerksamkeit H = Hyperaktivität I = Impulsivität

Was umfasst die ADHS-Diagnostik?

Die Diagnostik der ADHS ist relativ zeitaufwändig und erfordert die Kombination einer Reihe diagnostischer Methoden durch einen ausgewiesenen Spezialisten. Eine sachgerechte Diagnostik umfasst laut Empfehlung der S3-Leitlinien:

- eine ausführliche Erfassung der Krankengeschichte des Kindes (zur Ermittlung der Vorgeschichte des Kindes von der Geburt an)
- eine systematische Erfassung des Verhaltens in unterschiedlichen Situationen (vor allem zu Hause und in der Schule) mittels Verhaltensbeobachtung (idealerweise nehmen diese Verhaltensbeobachtungen geschulte Beobachter anhand von in Fragebögen standardisierten, festgelegten Merkmalen vor)
- eine Leistungsdiagnostik (mit einem Intelligenztest)
- eine Aufmerksamkeitsdiagnostik (mit standardisierten Testverfahren)
- eine Erfassung der emotionalen Stabilität des Kindes (hier kann eine Einschätzung mittels eines Fragebogens durch die Bezugspersonen erfolgen)
- neurologische Untersuchungen (z.B. mittels EEG).

Was tun beim „Verdacht ADHS"?
Wenn Sie bei einem oder einer Ihrer SchülerInnen das Vorliegen einer ADHS vermuten, sollten Sie zunächst das Gespräch mit den Bezugspersonen bzw. Eltern suchen. Die Deutsche Gesellschaft für Kinder- und Jugendpsychiatrie und -psychotherapie (2007) empfiehlt zur Diagnostik der ADHS eine sehr ausführliche Untersuchung. Daher reicht zur Abklärung ein Besuch beim Kinderarzt oft nicht aus. Empfehlen Sie den Eltern, sich an einen Spezialisten (einen Kinder- und Jugendpsychiater oder -psychotherapeuten, eine auf ADHS spezialisierte Beratungsstelle) zu wenden. Sie können den diagnostischen Prozess unterstützen, indem Sie Auskunft über das Lern- und Sozialverhalten des Kindes oder Jugendlichen in der Schule geben.

Adressen von Beratungsstellen, Kinder- und Jugendpsychiatrischen Einrichtungen und Sozialpädiatrischen Zentren sind auf den Internetseiten des Zentralen ADHS-Netzes zu finden: http://www.zentrales-adhs-netz.de/fuer-betroffene/kinder-jugendliche.html.

Die S3-Leitlinien (AWMF 2017) geben einen Einblick in Aspekte von Diagnostik und Behandlung von Kindern, Jugendlichen und Erwachsenen mit ADHS und sind in einer Kurz- und Langfassung unter diesem Link nachzulesen: https://www.awmf.org/leitlinien/detail/ll/028-045.html (22.07.2022).

Diese Leitlinien liefern aus Sicht der relevanten Fachgesellschaften umfassende und aktuelle Informationen, die theoretisch fundiert und empirisch geprüft sind. Eine ganz kurz und prägnant verfasste Patienteninformation findet sich hier: https://www.awmf.org/fileadmin/user_upload/Leitlinien/028_D_G_f_Kinder-_und_Jugendpsychiatrie_und_-psychotherapie/028-045k1_S3_ADHS_2019-12.pdf (22.07.2022)

Möglichkeiten zur Behandlung der ADHS

Zur Behandlung einer ADHS gibt es mittlerweile eine ganze Reihe verschiedenster Ansätze und Interventionsverfahren. Einen Überblick über die gängigen Behandlungsverfahren gibt ➲ **Tabelle 1**.

Diese vielfältigen Behandlungsansätze werden an dieser Stelle nicht ausführlich vorgestellt. Wir beschränken uns im Folgenden auf die Darstellung der medikamentösen Behandlung – da diese wohl die bekannteste, für den Schulalltag häufig relevanteste und am meisten diskutierte Methode der Behandlung der ADHS ist – sowie auf die Darstellung der Förderung selbstregulativer Kompetenzen, auf die sich unser Trainingsprogramm stützt.

Medikation

Ritalin

Zur Behandlung der ADHS kommt die medikamentöse Behandlung mit den Wirkstoffen *Methylphenidat* (MPH: bekannt vor allem unter dem Handelsnamen Ritalin) oder Atomoxetin (Handelsname zum Beispiel Strattera) vielfach zum Einsatz. MPH und Atomoxetin sind sogenannte Wiederaufnahmehemmer; sie verhindern, dass Dopamin (bei MPH) bzw. Noradrenalin (bei Atomoxetin), die als Botenstoffe für die Reizweiterlei-

Tabelle 1: Übersicht über Behandlungsmöglichkeiten der ADHS

Behandlungsansätze	Was wird gemacht?	Was wird erreicht?	Fazit	Literatur
Beratung und Psychoedukation	■ Kinder/Jugendliche, Eltern und Lehrkräfte erhalten Informationen zum Störungsbild und über Behandlungsmöglichkeiten	■ Aufklärung durch Information, Reduktion von Unsicherheit ■ Aufbau einer positiven Beziehung zum Therapeuten, Steigerung der Compliance für nachfolgende Therapie ■ Hilfe bei der Entwicklung von Bewältigungsmechanismen	Notwendige Basiskomponente jeder Behandlung, unterstützende Komponente eines multimodalen Behandlungsansatzes	Montoya et al. (2011)
Medikation	■ Verordnung von Stimulantien mit den Wirkstoffen Methylphenidat (MPH) oder Atomoxetin	■ Unterstützung verhaltenstherapeutischer und schulischer Interventionen ■ Minderung ADHS-typischer Symptome während der Wirkdauer der Medikamente	Wirksam auf der Symptomebene, oft positive Effekte auf schulische Leistungen und im Hinblick auf das Sozialverhalten. Mit Nebenwirkungen ist zu rechnen. Eine strenge Überwachung der Medikation ist unbedingt erforderlich.	Jensen et al. (2001); Ryan et al. (2011)

Kognitive Verhaltens-therapie	■ Training der Selbst-regulation, der Selbst-instruktion und des Selbstmanagements	■ Erwerb von Strategien zur Steigerung der Verhaltenskontrolle	Wichtige Komponente eines multimodalen Behandlungsansatzes	
Elterntrainings	■ Erlernen von Time-Out-Prozeduren und des Arbeitens mit Token-Systemen ■ Vermittlung effektiver Kommunikationstech-niken ■ Vermittlung von Prob-lemlösestrategien	■ Förderung des Kindes in seiner häuslichen Umwelt ■ Verbesserung der Eltern-Kind-Beziehung ■ Bessere Bewältigung schwieriger Alltags-situationen ■ Förderung eines effek-tiven Erziehungsstils	Wichtige Komponente eines multimodalen Behandlungsansatzes, da die Eltern-Kind-Beziehung für den Verlauf und den Schweregrad einer ADHS von großer Bedeutung ist.	Chronis et al. (2004); Chronis et al. (2006).
Pädagogisch-psychologische Funktions-trainings	■ Training der Kon-zentration und des Gedächtnisses, Lernstrategietrainings	■ Verbesserung des Arbeitsverhaltens	Unterstützende Komponente eines multimodalen Ansatzes	

tung zwischen Nervenzellen fungieren, wieder in die Zelle aufgenommen werden. Dadurch erhöhen sie die bei ADHS-Betroffenen häufig zu geringe Konzentration an Dopamin bzw. Noradrenalin im synaptischen Spalt (zwischen den Nervenzellen). Nach der Einnahme wirkt MPH innerhalb relativ kurzer Zeit und die Wirkung lässt nach ca. 4 Stunden wieder nach. Es gibt MPH auch als Retard-Präparat mit verlängerter Wirkung (7–10 Stunden). Atomoxetin wirkt erst einige Wochen nach Beginn der Einnahme vollständig. Nicht alle Personen sprechen auf die Einnahme von MPH oder Atomoxetin in der erwarteten Weise an – zum Beispiel zeigt sich bei 1/3 aller Menschen (egal ob mit oder ohne ADHS) keinerlei Wirkung bei der Einnahme von MPH.

Nebenwirkungen

Eine besondere Problematik der medikamentösen Behandlung besteht im Auftreten von Nebenwirkungen, wie beispielsweise Appetitverlust, Schlafstörungen oder Kopf- und Magenschmerzen. Bei der Gabe von MPH wird zudem von Reboundeffekten berichtet, es kann also zu einer Verstärkung der ADHS-Symptomatik im Zuge der nachlassenden Wirkung des Medikaments kommen.

ADHS – eine Modediagnose?

Im deutschen Ärzteblatt erschien 2017 eine Veröffentlichung, in der bundesweite Routinedaten der allgemeinen Ortskrankenkassen (AOK) ausgewertet wurden (Bachmann et al. 2017). Die Autoren zeigen, dass die Häufigkeit der ADHS-Diagnosen ansteigt: So wurde 2014 bundesweit bei 13,9% der 10-jährigen Jungen und bei 6,4% der gleichaltrigen Mädchen eine ADHS-Diagnose verzeichnet (im Vergleich waren es 2009 noch 12,8% bzw. 5,4%).

Diese Zahlen verwundern und führen zu der Frage, ob die ADHS aufgrund gesellschaftlicher Entwicklungen zugenommen hat. Führen größerer Fernseh- oder PC-Konsum zu ADHS? Wie im Kapitel zur Entstehung der ADHS bereits erläutert, ist nicht davon auszugehen, dass die ADHS von solchen psychosozialen Faktoren ausgelöst wird. Die Tatsache, dass mehr ADHS-Diagnosen verzeichnet werden, ist zudem nicht gleichbedeutend damit, dass die Anzahl der von ADHS betroffenen Kinder in der Bevölkerung steigt. Vielmehr ist davon auszugehen, dass dieses Störungsbild schon immer bestanden hat. Jedoch ist das gesellschaftliche Augenmerk aktuell stärker auf derartige Verhaltensstörungen bei Kindern und Jugendlichen gerichtet. Zudem haben sich diagnostische Möglichkeiten zur Feststellung einer ADHS verbessert. Die nach wie vor hohen Medikationsraten (43,1% der 13- bis 14-jährigen ADHS-Betroffenen erhalten eine medikamentöse Therapie) sind aus unserer Sicht jedoch durchaus problematisch, da Langzeitstudien zur Wirkung von MPH fehlen. Daher sollte eine Medikation mit MPH in jedem Einzelfall genauestens und gründlich abgewägt werden. Trotzdem bleibt festzuhalten, dass einige Kinder von dieser Behandlung gerade mit Hinblick auf schulische Leistungen stark profitieren können.

Förderung der Selbstkontrolle

Selbstinstruktion

Die ADHS lässt sich auf der Verhaltensebene und auf der kognitiven Ebene als eine Störung der Selbstkontrolle beschreiben – den Betroffenen fällt es schwer, ihre Gedanken und Gefühle zu kontrollieren und ihr Verhalten zu steuern. Daher ist es naheliegend, die selbstregulativen Kompetenzen durch unterstützende Maßnahmen gezielt zu verbessern. Zu diesen Maßnahmen zählt zum Beispiel die Vermittlung von Techniken der Selbstinstruktion in Form von positiven oder negativen Verbalisierungen. Dazu könnte zum Beispiel gehören, dass die SchülerInnen lernen, sich selbst während des Durchführens eigener Handlungen zu instruieren.

Self-Monitoring

Ebenfalls kommen Verfahren zum Einsatz, die auf eine systematische Beobachtung des eigenen Verhaltens setzen („Self-Monitoring"). Die Kinder und Jugendlichen dokumentieren beim Self-Monitoring das Auftreten und die Qualität einer eigenen Verhaltensweise, zum Beispiel die Erledigung von Hausaufgaben oder den Grad der Aufmerksamkeit im Unterricht. Kombiniert werden solche Vorgehensweisen oft mit der Applikation von Verstärkern, typischerweise in Form von Token-Systemen aus der Tradition operanter Lerntheorien: Die Kinder erhalten jeweils einen Punkt, eine Büroklammer, einen Aufkleber (ein Token) für das Erledigen der Hausaufgaben und können nach einer ver-

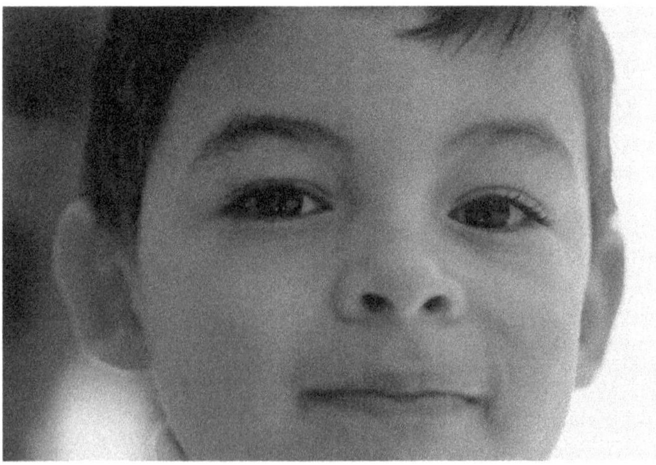

Selbstkontrolle kann gezielt gefördert werden.

abredeten Zeit die erarbeiteten Punkte gegen eine Belohnung eintauschen. Dieses Vorgehen kann mit den Kindern im Rahmen eines Vertrags ausgehandelt werden – für beide Seiten wird somit transparent geregelt, welches Verhalten nach welchem Zeitraum zu welchen Belohnungen führen kann. Hierbei ist natürlich zunächst wichtig, dass sowohl das im Vertrag festgelegte Ziel als auch die Belohnung bedeutsam für das Kind sind. Die Wirksamkeit von Token-Systemen für Kinder mit ADHS ist vielfach belegt worden und kann als relativ gesichert betrachtet werden.

Selbst-Management

Einen etwas anderen Ansatz verfolgt die Technik des „Selbst-Managements". Auch hier muss zunächst das eigene Verhalten dokumentiert werden („Habe ich gerade aufgepasst?") – ergänzt wird dies durch eine Einschätzung bezüglich der Sorgfalt der betreffenden Verhaltensweise („Wie aufmerksam war ich dabei?"). Außer dem Kind selbst beurteilt noch eine weitere Person (zum Beispiel eine Lehrkraft) das betreffende Verhalten. Eine Verstärkung (d.h. ein Token) wird nur dann gegeben, wenn die eigene Einschätzung mit der des anderen Beurteilers übereinstimmt – also im Falle einer realistischen Selbstbeurteilung.

Empirische Studien haben gezeigt, dass Interventionen, die sich dieser oben genannten selbstregulativen Techniken bedienen, bei Kindern mit ADHS wirksam sind (eine Übersicht findet sich bei Reid und Kollegen 2005), dass es jedoch bei einer medikamentösen Behandlung mit MPH im Allgemeinen zu noch größeren Effekten kommt (Übersicht bei Hinshaw et al. 2007). Daraus schließen wir, dass es weiterer Anstrengungen bedarf, um selbstregulative Interventionen wirksamer und anwendungssicherer zu gestalten. Erst wenn die Vermittlung selbstregulativer Techniken in der Anwendung einen Standardisierungs- und Qualitätsgrad erreicht hat, der dem der Medikation entspricht, lassen sich beide Behandlungsmethoden sinnvoll vergleichen.

ADHS-Elterntrainer
Digitale, web-basierte Unterstützungsprogramme für Familien mit Kindern mit ADHS gibt es derzeit noch wenige, die empirisch geprüft sind. Für Kinder mit und ohne ADHS-Diagnose in schwierigen Erziehungslagen unterstützt der ADHS-Elterntrainer mit praxisnahen Tipps: https://adhs.aok.de (22.07.2022)

Wenn-Dann-Pläne

In diesem Ratgeber empfehlen wir die Anwendung sogenannter Wenn-Dann-Pläne als Selbstkontrollintervention bei Kindern mit ADHS. Auf das Prinzip und die Gelingensbedingungen der Wenn-Dann-Pläne wird im nächsten Kapitel ausführlicher eingegangen. Vorab sei hier auf ein allgemeines Problem selbstregulativer Interventionen im ADHS-Bereich hingewiesen, welches auf unser Training zum großen Teil nicht zutrifft. Anders als die Medikation zeichnen sich Selbstkontroll- und Selbstregulationsinterventionen naturgemäß häufig durch ein geringes Ausmaß an Standardisierung aus. Mit anderen Worten: Es hängt in hohem Maße von den Kompetenzen und vom Geschick der das Training durchführenden Person ab, wie wirksam eine Intervention sein wird. Aus unserer Sicht ist diese Tatsache eine der Ursachen dafür, dass bisherige Studien zur Wirksamkeit selbstregulativer Interventionen eher verhaltene Ergebnisse erbracht haben. Zudem kann auch die Passung von durchführender und teilnehmender Person einen großen Einfluss auf die Effektivität des Trainings haben. Dies bedeutet, dass die persönliche Interaktion in der Dyade Trainer-Kind vermutlich weit stärker in die Prozesse des Erlernens und Anwendens der Trainingsinhalte einwirkt, als dies intuitiv angenommen wird.

Mit diesem Lehrerratgeber haben wir ein Trainingsprogramm entwickelt, das diesen Problematiken Rechnung trägt. Dieses Trainingsprogramm zur Anwendung im Unterricht zeichnet sich durch einen hohen Standardisierungsgrad aus und es werden exakte und leicht vermittelbare Anweisungen zum unterrichtlichen und dyadischen Vorgehen des Planens gegeben. In vielen Studien wurde die Wirksamkeit von Wenn-Dann-Plänen, die die Grundlage dieses Trainingsprogramms bilden, bereits nachgewiesen.

Welche Therapien sind wirksam? Die MTA-Studie

Die MTA-Studie war ein groß angelegtes, multizentrisches Projekt, an dem fast 600 Kindern mit ADHS teilnahmen (MTA Cooperative Group 1999a, b). Sie wurde vom amerikanischen National Institute of Mental Health in Auftrag gegeben und verglich die langfristige Wirksamkeit folgender vier Behandlungsformen:

- Medikation
- Maßnahmen der Kognitiven Verhaltenstherapie
- Kombination aus Medikation und Kognitiver Verhaltenstherapie
- Grundversorgung im Sinne einer Standardberatung

Das Besondere ist, dass die Kinder nach dem Zufallsprinzip einer der vier Behandlungsformen zugewiesen wurden. In Bezug auf die ADHS-Symptomatik im engeren Sinn zeigten die medikamentöse und die Kombinationsbehandlung in kurzer Zeit vergleichbar gute Effekte und waren der kognitiven Verhaltenstherapie und der Standardberatung überlegen. Im Hinblick auf die Entwicklung der schulischen Leistungen, Eltern-Kind-Beziehungen, sozialen Fertigkeiten und das Auftreten komorbider Symptome (Angst, Depressivität, Aggression) war die Kombinationsbehandlung die wirksamste Maßnahme. Nach einer Dauer von sechs bis acht Jahren waren allerdings keinerlei Unterschiede hinsichtlich der therapeutischen Erfolge mehr nachzuweisen (Molina et al. 2009).

Analysen von 2015 (Hinshaw/Arnold 2015) zeigen sogar, dass:

- die Kombinationsbehandlung (Medikation und kognitive Verhaltenstherapie) die schulische Leistung am effektivsten positiv beeinflusst.
- eine Analyse von Moderator- und Mediatorprozessen unabdingbar ist. Das bedeutet, dass der Einfluss von Drittvariablen, wie zum Beispiel eine Änderung des Familienklimas durch eine Intervention, in Analysen beachtet werden sollte.
- Nebenwirkungen einer medikamentösen Behandlung nicht zu unterschätzen sind (z.B. Wachstumsminderung bei Jugendlichen mit einer Langzeitmedikation).
- die anfängliche Überlegenheit der medikamentösen Therapie sich verringert, sobald die Kinder sich nicht mehr in der initialen „randomisierten Behandlungsphase“ sondern in der „naturalistischen Follow-up-Phase“ befinden.

Es wird also deutlich, dass zumindest in der Anfangsphase einer Behandlung der ADHS die Medikation und auch die Verhaltenstherapie anderen Behandlungsformen überlegen sind – langfristige erfolgreiche Behandlungsmaßnahmen sind jedoch noch nicht eindeutig feststellbar. Problematisch ist bei der MTA-Studie (oder anderen Therapievergleichsstudien zur ADHS), dass es keine oder nur wenig Kontrolle über die längerfristige Umsetzung der Behandlungskonzepte im alltäglichen Umfeld gibt. Ein Grund hierfür ist, dass es im Alltag im Vergleich zu laborexperimentellen Untersuchungen viel schwieriger ist, den Teilnehmern, das bedeutet in diesem Falle: den Kindern, Eltern und Lehrkräften, standardisierte Behandlungsformen zukommen zu lassen. Dies gilt sowohl für Psychotherapien, bei denen nicht geprüft werden kann, welche Bestandteile in den einzelnen Therapiesitzungen umgesetzt werden, als auch für die medikamentöse Behandlung, bei welcher nicht hundertprozentig sichergestellt werden kann, dass die Eltern und Kinder sich bezüglich der Einnahmeprozeduren (z.B. Dosis) an die Vorgaben des behandelnden Arztes halten. Weitere langfristige Studien zur Wirksamkeit von Behandlungsmöglichkeiten der ADHS sind also unabdingbar.

Manualisierte Trainingsprogramme

Im deutschen Sprachraum gibt es eine Reihe von Trainings- und Therapieprogrammen für Kinder und Jugendliche mit ADHS. In ➲ **Tabelle 2** finden Sie eine Auswahl in der Praxis bewährter Trainingsprogramme, die zugleich theoretisch fundiert und empirisch in ihrer Wirksamkeit überprüft sind.

Tabelle 2: Übersicht über Therapieprogramme mit empirisch bestätigter Wirksamkeit (Auswahl)

Therapieprogramm	Kurzbeschreibung/Besonderheiten
THOP (Therapieprogramm für Kinder mit hyperkinetischem und oppositionellem Problemverhalten). Döpfner, Schürmann und Frölich (2013)	■ Therapieprogramm für Kinder zwischen 3 und 12 Jahren ■ bezieht sich auf die Leitlinien der Deutschen Gesellschaft für Kinder- und Jugendpsychiatrie (2007) ■ 24 flexibel wählbare Bausteine, die eine individuelle Therapie ermöglichen ■ ergänzende Module, falls komorbide Störungen vorliegen ■ Einbezug von Eltern, ErzieherInnen und LehrerInnen ■ berücksichtigt die Stärken und Interessen der Kinder
Training mit aufmerksamkeitsgestörten Kindern. Lauth und Schlottke (2009)	■ betont die Wichtigkeit einer sorgfältigen Diagnostik ■ fünf Bausteine, die flexibel einsetzbar sind ■ enthält Empfehlungen zur Zusammenarbeit mit Eltern und LehrerInnen
ADHS in der Schule: Übungsprogramm für Lehrer. Lauth (2014)	■ Übungsprogramm für Lehrkräfte; Ergänzung zum Training mit aufmerksamkeitsgestörten Kindern ■ Gruppentraining mit sieben Sitzungen, zusätzlich ein Abschlusstreffen zur Nachbesprechung ■ Ziel: Lehrkräfte sollen ADHS kennen und Verhaltensweisen des ADHS-Kindes lenken lernen ■ Module: Erscheinungsbild der ADHS, Situationsabhängigkeit des SchülerInnenverhaltens, strukturierende Maßnahmen bei ADHS, Verhalten des ADHS-Kindes durch Verstärkung lenken, Verstärkung durch Token-Systeme, Verbesserung der Handlungsregulation beim ADHS-Kind, Zusammenarbeit mit den Eltern ■ Übung anhand eigener Unterrichtsbeispiele

Therapieprogramm	Kurzbeschreibung/Besonderheiten
Marburger Konzentrationstraining (MKT) für Schulkinder. Krowatschek, Krowatschek & Reid (2017)	■ Gruppentraining für Kinder von 6 bis 12 Jahren zur Verbesserung der Konzentrationsfähigkeit ■ sechs bis acht Gruppensitzungen ■ feste Sitzungsstruktur, bei der folgende Elemente eingesetzt werden: dynamische Übungen, Entspannungsübungen, verbale Selbstinstruktion, Übungen zur Förderung der Wahrnehmung und zur Merkfähigkeit und freies Spiel ■ Einbezug der Eltern
ADHS bei Jugendlichen: Das Lerntraining LeJA. Linderkamp, Hennig & Schramm (2011)	■ Training für Jugendliche mit ADHS; Ziele: Verbesserung von Organisation des Lernens, der Aufmerksamkeit und der Selbstorganisation ■ 16-20 Einzelsitzungen mit festem Ablaufschema ■ sieben Bausteine: Beziehungsgestaltung & Ressourcenaktivierung, operante Verfahren, explicit practice (konkretes Üben), kognitive Techniken, direkte Instruktion, Coaching & Selbstmanagement, Psychoedukation
Das neue Marburger Verhaltenstraining (MVT) Kinder wahrnehmen – stärken – begleiten. Ein ressourcenorientiertes Programm für die Praxis (Krowatschek/Wingert, 2019)	■ Gruppentraining mit 6 Sitzungen plus Erweiterungs- und Transfermodulen, da Kinder und Jugendliche mit ADHS v.a. in Gruppensituationen Probleme erleben ■ Informationstreffen für Eltern und Lehrkräfte ■ Aktuelle Aspekte der Diagnostik ■ Theoretisch fundiertes Training mit Methodenplan, Prinzipien, Regeln, Evaluation, etc.

Eltern/ Lehrkräfte

Die meisten Programme beziehen die Eltern und auch die Lehrkräfte der betroffenen Kinder und Jugendlichen mit ein. Dies trägt der Tatsache Rechnung, dass eine multimodale Vorgehensweise, bei der das gesamte Umfeld einbezogen wird, bei der Therapie der ADHS am erfolgversprechendsten ist. Besonders deutlich treten die Probleme der ADHS-Kinder in der Schule zutage. Auch Sie werden vermutlich mindestens ein Kind in Ihrer Klasse haben, das bereits eine ADHS-Diagnose hat oder das Risiko aufweist, eine ADHS-Diagnose zu erhalten. Diese SchülerInnen in den Unterricht zu integrieren und ihren besonderen Bedürfnissen gerecht zu werden, stellt eine große Herausforderung dar. Häufig ist jedoch die Zeit knapp und es ist schwierig, zeitaufwändige Therapieprogramme in den Unterrichtsalltag zu integrieren.

kurz und knackig

Uns war es daher besonders wichtig, ein kurzes und knackiges Programm zu entwerfen, das es Ihnen ermöglicht, zusammen mit Ihren SchülerInnen konkrete Ziele zu erreichen, ohne dass Sie dafür zu viel Zeit investieren müssen. Bevor wir Ihnen das Trainingsprogramm im Detail vorstellen, soll das Thema ADHS jedoch aus dem Blickwinkel von Schule und Unterricht anhand dieser Leitfragen näher betrachtet werden:

Wie sieht der Schulalltag von Kindern und Jugendlichen mit ADHS aus?

Was sind die besonderen Probleme und Bedürfnisse von Kindern und Jugendlichen mit ADHS in der Schule?

Wie können Sie im Rahmen Ihres Unterrichts besser auf diese Bedürfnisse eingehen?

Wie sollte die Zusammenarbeit mit den Eltern der betroffenen Kinder gestaltet sein?

2 ADHS und Schule

Angesichts der großen Zahl der von ADHS betroffenen SchülerInnen scheint es wenig verständlich, dass das Thema ADHS in der LehrerInnenausbildung meist nur am Rande behandelt wird. Junge Lehrkräfte werden oft nicht ausreichend auf die Begegnung mit diesen SchülerInnen vorbereitet. Besonders im Rahmen der Lehrerausbildung für die Gymnasien werden psychische und psychiatrische Störungen des Kindes- und Jugendalters – wie eine ADHS – häufig nur unzureichend behandelt. Eine verbesserte, theoretische Einführung in die Problematik würde zwar einen ersten Fortschritt darstellen, es bedarf jedoch auch praktischer Anleitungen, wie man SchülerInnen mit ADHS erfolgreich im Unterricht betreuen kann.

Vorurteile abbauen

Die in diesem Buch vorgestellte Methode der Wenn-Dann-Pläne bietet Lehrern eine Handreichung, die Ihnen hierbei helfen kann. Hinzu kommt, dass es aufgrund von fehlendem Wissen über das Störungsbild immer noch viele Vorurteile gibt. Daher trauen sich viele Eltern noch immer nicht, eine ADHS-Diagnose gegenüber der Schule bekannt zu machen. Sie fürchten, ihr Kind könnte Benachteiligungen erfahren oder sie könnten selbst gar in den Verdacht geraten, ihr Kind nicht erziehen zu können.

Schulrechtliche Rahmenbedingungen

gezielte Förderung

ADHS-Kinder bedürfen einer gezielten pädagogischen Förderung und Intervention. Mit einer ADHS-Diagnose ist eine Feststellung sonderpädagogischen Förderbedarfs, wie es die Schulgesetze der Länder für eine Reihe von Funktionsbereichen und Förderschwerpunkten (z.B. Lernen, Sprache, geistige, emotionale und soziale Entwicklung) vorsehen, normalerweise allerdings nicht verbunden. Im Gegenteil: Die meisten von ADHS betroffenen SchülerInnen werden den Regelunterricht besuchen, ohne eine besondere Förderung zu erhalten. Nicht selten jedoch aufgrund ihrer mit der Störung verbundenen Leistungsprobleme statt in einem Gymnasium in einer Realschule oder in einer Hauptschule. Nur wenn erhebliche Schulleistungs- und Verhaltensprobleme auftreten, werden einige von ihnen auch auf einer Sonder-/Förderschule zu finden sein. Am häufigsten wird das vermutlich eine Schule mit einer besonderen Förderung der „Lernentwicklung" oder der „emotionalen und sozialen Entwicklung" sein. Die ADHS war in diesen Fällen aber nicht ausschlaggebend für die Feststellung des sonderpädagogischen Förderbedarfs.

Inklusion Ohnehin wird sich in Folge der Umsetzung der UN-Behindertenrechtskonvention der schulverwaltungs- und organisatorische Umgang mit Kindern, die einen besonderen Förderbedarf aufweisen, ändern müssen. Zwar ist das Störungsbild der ADHS weder im Beschluss der Kultusministerkonferenz (KMK) zu einer „Förderstrategie für leistungsschwächere Schülerinnen und Schüler" (KMK 2010), noch im Beschluss zur „Inklusive(n) Bildung von Kindern und Jugendlichen mit Behinderungen in Schulen" (KMK 2011) explizit erwähnt. Aber in Analogie zu den dort aufgeführten Störungen und Behinderungen lässt sich festhalten, dass die betroffenen Kinder im Regelfall inklusiv und nicht separativ zu unterrichten sind. Maßnahmen der inneren Differenzierung, des lernziel-, lernzeit- und lehrmethodenadaptiven Unterrichtens sowie die Nutzung von Formen des Nachteilsausgleichs müssen dabei zum Einsatz kommen. Als neues Leitbild gilt die individuelle Förderung im inklusiven Unterricht, verbunden mit einer höheren Akzeptanz von Vielfalt und Verschiedenheit.

Nicht nur die Schulen und Schulträger werden sich diesen Herausforderungen stellen müssen, sondern auch die Lehrerausbildung wird entsprechend anzupassen sein. Mit dem Grundrecht auf eine begabungsgerechte Ausbildung und Erziehung ist jedenfalls verknüpft, dass die Träger der Jugendhilfe, die Kommunen und die Länder die notwendigen finanziellen Mittel zur Verfügung stellen müssen, um Kindern mit besonderen individuellen Bedürfnissen die gleichberechtigte Teilhabe an der Gesellschaft zu ermöglichen. Dies impliziert, dass auch jungen Menschen mit ADHS eine solide Ausbildung und ein erfolgreicher Zugang zum Arbeitsmarkt ermöglicht werden muss. Angesichts leerer Kassen der öffentlichen Hand wird sich die erfolgreiche Umsetzung der Inklusion jedoch vermutlich auch in Zukunft eher schwierig gestalten.

Weitere Informationen zu schulrechtlichen Rahmenbedingungen in den verschiedenen Bundesländern finden Sie jeweils aktuell unter http://www.zentrales-adhs-netz.de/fuer-paedagogen.html.

ADHS und Unterricht

Die ADHS ist ein heterogenes Störungsbild. Betroffene SchülerInnen unterscheiden sich einerseits darin, welche ADHS-Symptome (Unaufmerksamkeit, Hyperaktivität oder Impulsivität) im Vordergrund stehen. Auch gibt es unterschiedliche Ausprägungsgrade der Symptome. Bei einer geringen Ausprägung genügen dem Kind oft schon eine bessere Strukturierung und eine strikte Erfolgskontrolle in Kooperation mit dem Elternhaus (Hausaufgabenkontrolle), gekoppelt mit Belohnungsanreizen und stetiger Ermutigung. Bei einer starken Ausprägung der ADHS (möglicherweise mit komorbidem Auftreten von beispielsweise Teilleistungsschwächen wie Legasthenie oder Dyskalkulie oder Störungen des Sozialverhaltens) können Lehrkräfte jedoch schnell an ihre Grenzen geraten und der Verbleib in der Regelschule in Frage stehen.

! Die ADHS ist ein heterogenes Störungsbild. Die Einbeziehung der Schule in die Behandlung der ADHS ist von großer Bedeutung. Wichtig ist zudem die engmaschige Betreuung der Kinder mit ADHS durch Bezugspersonen und Lehrkräfte.

Unterrichtsgestaltung

Der Umgang mit ADHS im Unterricht stellt fraglos eine große Herausforderung an die Lehrkraft dar. Und auch ein Unterricht, der versucht auf die besonderen Bedürfnisse von SchülerInnen mit ADHS einzugehen, kann selbstverständlich keine Therapie ersetzen. Es gibt jedoch einige Möglichkeiten der Unterrichtsgestaltung, von denen Kinder mit ADHS (und auch solche ohne ADHS) profitieren können. Viele der hier vorgestellten Prinzipien werden von den meisten Lehrkräften ohnehin tagtäglich beachtet. Die Lehrkraft muss in ihrem Fach sicher sein, der Unterricht muss klar und stringent geplant sein. SchülerInnen mit ADHS sind auf klare, unmissverständliche und explizite Arbeitsanweisungen angewiesen.

Beispiel

Beispiel für eine explizite Instruktion, ohne lange Handlungssequenzen, im Unterricht:

„Alle aufgepasst! Alle schlagen jetzt bitte im großen, blauen Buch Seite 28 auf!"

Beispiel

Beispiel für eine weniger explizite Instruktion, die Handlungssequenzen beinhaltet, im Unterricht:

„So jetzt schauen wir uns das mal an, indem wir uns die Abbildung im Buch dazu anschauen ... nein, nicht das Buch, sondern das große Blaue und da dann ... ehmmm ... Seite ... schlagt das erstmal auf ... da auf Seite 28 und nehmt mal das Arbeitsblatt dazu, was ich letzte Woche ausgeteilt hab ..."

Gruppenarbeit

Kinder mit ADHS tun sich häufig schwer bei Gruppenarbeiten und häufiger Methodenwechsel bzw. Wechsel der Sozialformen verwirrt sie schnell. Dies sollten Sie bei der Unterrichtsplanung berücksichtigen und so beispielsweise Einzelarbeit statt Gruppenarbeit für das betroffene Kind einplanen. Natürlich müssen SchülerInnen mit ADHS auch lernen, in Gruppen zu arbeiten. Die Erfahrung zeigt jedoch, dass dies oftmals erst in den höheren Klassen erfolgreich gelingt.

graphomotorische Schreibstörung

Besonders jüngere SchülerInnen mit ADHS haben häufig zusätzlich eine graphomotorische Schreibstörung. In diesem Fall bietet es sich an, das Tafelbild am Ende des Unterrichts in gedruckter Form zu überlas-

Kinder mit ADHS lassen sich im Unterricht leicht ablenken.

sen. Hierdurch können Sie im Unterricht Zeit sparen und den Druck auf das Kind verringern. Wichtig ist, auch kleine Fortschritte im Blick auf die Leserlichkeit zu loben und damit auch kleine Erfolge wertzuschätzen. Manchmal ist es schon hilfreich, die Korrekturfarbe zu wechseln, um Enttäuschungen zu vermindern. Viel Lob für kleine Fortschritte bewirkt bei SchülerInnen (mit und ohne ADHS) oft eine große Motivation.

Aufmerksamkeit

Gerade SchülerInnen mit ADHS, die im Unterricht „träumen", sollten immer wieder möglichst unaufdringlich und freundlich durch eine kurze Ansprache oder rechtzeitige Wiederholung einer Arbeitsanweisung „zurückgeholt" werden. Beim Lesen von Texten reihum verlieren SchülerInnen mit ADHS oft den roten Faden. Ein kleiner Hinweis wie „Hans, du bist der Übernächste, wir sind bei Zeile 65", hilft schon, eine Brücke zu bauen und das Kind bei der Stange zu halten.

Beispiel

Beispiele, wie Kinder mit ADHS wieder „zurückgeholt“ und auf den Unterricht fokussiert werden können:

- „Hier spielt die Musik!“
- „Bitte alle nach vorne schauen!“
- „Tom, gleich kommt dein Einsatz!“

Hyperaktivität

Hyperaktive und motorisch unruhige Kinder können mit speziellen Aufgaben betraut werden, wie z.B. dem Austeilen und Einsammeln von Materialien, dem Abholen und Aufbauen von Gerätschaften oder Ähnlichem. Diese kleinen Tätigkeiten kanalisieren den Bewegungsdrang und verschaffen oft Erleichterung.

Im Vorfeld von Klassenarbeiten oder Tests bietet es sich an, das Thema und den Umfang der Leistungsmessung auf einen Zettel auszudrucken, den die SchülerInnen in ihr Hausaufgabenheft einkleben. Ein von den Lehrkräften geführter und online einsehbarer Klassenarbeitskalender verbessert die Kommunikation zwischen Elternhaus und Schule und erleichtert die planvolle Vorbereitung.

Tipp

Tipps und Tricks für den Unterricht
Einige dieser Tipps stellen wir Ihnen im Folgenden vor. Zum ausführlichen Nachlesen empfehlen wir das Buch von Christoph Eichhorn „Classroom Management“ (2017) und das Buch von Kathrin Hoberg „Schulratgeber ADHS: Ein Leitfaden für LehrerInnen“ (2018).

Tipp 1: Bewegung einführen
Sie können Bewegungsspiele mit der gesamten Klasse durchführen. Gezielt können Sie ein Kind mit ADHS

Tipp

während des Unterrichts mit Aufgaben betreuen, die Bewegung erfordern, zum Beispiel die Tafel zu wischen oder Arbeitsblätter auszuteilen. Sie können das Kind mit ADHS aber auch gezielt auffordern, beispielsweise den Gang einmal hoch und runter zu rennen. Hierbei ist darauf zu achten, dass Sie eine feste Struktur vorgeben, damit die Bewegungsspiele und -einheiten nicht „aus dem Ruder laufen". Die SchülerInnen sollten lernen, dass es dabei nicht um wildes Toben und Spielen geht, sondern um Maßnahmen, die zu einer verbesserten Konzentration führen sollen.

Tipp 2: Unterricht gut strukturieren

SchülerInnen mit ADHS profitieren von klar geregelten Abläufen und viel Struktur. Sie können den Unterrichtsstunden mehr Struktur geben, indem Sie versuchen, den Ablauf so gut wie möglich als feste Routine zu gestalten: Zum Beispiel kann ein Ritual zu Beginn der Stunde eingeführt werden (z.B. Aufstehen und „Guten Morgen" sagen, ein Lied singen, etc.), an das immer das Besprechen der Hausaufgaben anschließt und der Unterrichtsschluss besteht immer im Anschreiben der Hausaufgaben, die dann gleich notiert werden. Hilfreich ist es zudem, den Übergang in neue Arbeitsphasen (Beginn einer Gruppenarbeit, Stillarbeit oder auch das Anschreiben von Hausaufgaben) deutlich anzukündigen.

Tipp 3: Anforderungen anpassen

Wenn klar ersichtlich ist, dass ein Kind aufgrund der geringen Aufmerksamkeitsspanne im Lernstoff „versinkt", kann eine Reduktion der Aufgabenmenge für eine Zeitlang ein sinniges Mittel sein. Wenn es weniger Aufgaben sind, kann das Kind sorgfältiger arbeiten und seine Fortschritte werden sich günstig auf die Lernmotivation auswirken.

Tipp

Tipp 4: Arbeitsmaterial anpassen

Arbeitsblätter sollten eine präzise Aufgabenstellung enthalten und übersichtlich gegliedert sein. Hierzu zählt beispielsweise, dass nicht zu viele Aufgaben auf einem Blatt präsentiert werden. Sie können SchülerInnen auch anweisen, Aufgaben abzudecken, die erst später bearbeitet werden sollen. Arbeitsblätter sollten bereits gelocht und zugeschnitten ausgehändigt werden. Die Anzahl an unterschiedlichen Arbeitsmaterialen (Heften, Ordnern etc.) sollte möglichst gering bleiben und mit farbigen Umschlägen für jedes Fach versehen werden. Auch hier gilt: je mehr Struktur, umso besser für ein Kind mit ADHS.

Tipp 5: Positives Verhalten verstärken

Positive Verhaltensweisen sollten unmittelbar und direkt von der Lehrkraft verstärkt werden. Benennen Sie das positive Verhalten und zeigen Sie durch Loben, dass Sie das Verhalten wahrgenommen haben. Loben Sie konkrete Verhaltensweisen („Du hast dich toll gemeldet und gewartet bis ich dich dran genommen habe!") und loben Sie, wenn Sie bemerken, das ein Kind sich bemüht hat – auch wenn es damit nur einen Teilschritt erreicht hat. Beispiel: Es muss nicht gleich eine verbesserte Note sein, auch weniger Rechtschreibfehler sind eines Lobes würdig. Hierbei dürfen Sie nicht Gefahr laufen, das Kind mit ADHS mit anderen Kindern in der Klasse zu vergleichen: Auch kleine Schritte sind für ein Kind mit ADHS von großer Bedeutung.

Tipp 6: Aufmerksamkeit sichern

Sie sollten sich zunächst die Aufmerksamkeit der SchülerInnen vor der eigentlichen Ansprache sichern. Dies können Sie beispielsweise durch Blickkontakt oder Heruntergehen auf Augenhöhe erreichen. Auch das „Innehalten“ und Hochheben der Hand, um die Kinder auf die Handfläche (und somit auf die Lehrperson) zu fokussieren, haben sich bewährt – ebenso wie das Management-by-walking-around.

Tipp 7: Regeln und Konsequenzen festlegen
Sie sollten klare Regeln und Konsequenzen bei deren Nicht-Einhalten formulieren. Die Regeln sollten gut einsehbar im Klassenraum angebracht oder auf den Tisch geklebt werden. Wenn gegen Regeln verstoßen wird, ist ein mehrschrittiges Vorgehen zu empfehlen. Durch Anzählen oder das Verwenden von Zahl- bzw. Farbkarten (grün – gelb – rot) signalisieren Sie dem Kind: 1. (grün): das Verhalten wurde bemerkt; 2. (gelb): das Verhalten wurde wieder gezeigt und beim nächsten Mal kommt die vereinbarte Konsequenz; 3. (rot): Konsequenz folgt. Nach der Konsequenz beginnt das Zählen wieder von vorne.

Tipp 8: Ignorieren und positives Modell aufzeigen
Es kann auch hilfreich sein, störendes (jedoch nicht aggressives oder destruktives) Verhalten eines Kindes zunächst zu ignorieren. Indem Sie an anderen SchülerInnen benennen, wie wünschenswertes Verhalten aussieht („Toll, du hast dich gemeldet und ruhig abgewartet, bis ich dich dran genommen habe. Jetzt darfst du die Lösung sagen!“) kann ein Kind sehen, wie sich auch es verhalten sollte. Sie sollten also möglichst häufig aufzeigen, wie ein Alternativverhalten zu dem störenden Verhalten aussehen kann.

Tipp 9: Time-Out als Konsequenz
Bei aggressivem oder destruktivem Verhalten eignet sich das Einführen eines Time-Outs. Dabei wird zunächst mit dem Kind besprochen, welches Verhalten (z.B. Rumschreien, andere Kinder schlagen) zu einem Time-Out

führt. Time-Out bedeutet, dass das Kind den Klassenraum für einen bestimmten Zeitraum verlassen muss (es muss gut überlegt sein, wo sich das Kind in der Zwischenzeit aufhält und ob es dabei beaufsichtigt werden muss – geeignet ist das Zimmer des Schuldirektors). Nach Beendigung des Time-Outs (Faustregel für die Dauer: Minuten = Lebensalter) das Kind zurückholen.

Achtung: Für das Kind muss das Time-Out tatsächlich als „Strafe" wahrgenommen werden. Dies bedeutet, dass Sie darauf achten müssen, dass das Verlassen des Klassenraums für das Kind nicht als negative Verstärkung wahrgenommen wird. In diesem Fall würden Sie ihm nämlich einen unangenehmen Reiz (den Unterricht) entziehen und somit das störende Verhalten, was zu dieser Konsequenz geführt hat, langfristig verstärken. Auch aus diesem Grund sollte das Time-Out nur im Notfall und nach guter Überlegung angewendet werden.

Tipp 10: Handeln statt Reden

Zunächst gilt: wie eine „kaputte Schallplatte" die Anweisung im gleichen Wortlaut immer wieder wiederholen. Wenn jedoch ein Kind auf Anweisungen gar nicht reagiert, die Anweisungen nicht ewig weiter wiederholen, sondern handeln (z.B. das Kartenspiel wegnehmen, mit dem es im Unterricht spielt).

Zudem können Sie in kurzen Videos aus der Filmserie „Gemeinsam sind wir Klasse", die im Rahmen des Projekts der Akademie für Lerncoaching in Zürich unter der Leitung von Fabian Grolimund und Stefanie Rietzler als Unterstützung für Lehrkräfte entstanden ist, weitere Einblicke erhalten:
https://www.youtube.com/watch?v=Zo1AJLnvoSc&feature=youtu.be
http://biber-blog.com/filme/filmserie-gemeinsam-sind-wir-klasse/

Gelingendes Miteinander von Elternhaus und Schule

Eine enge Zusammenarbeit zwischen Elternhaus und Schule ist ein wichtiger Bestandteil erfolgreicher Beschulung von Kindern mit ADHS. Hierzu zählt der regelmäßige Austausch zwischen Ihnen und den Eltern über Fortschritte, Rückschritte und Besonderheiten des Schülers.

Wochenbericht

Als Lehrkraft können Sie einen kurzen wöchentlichen Bericht an die Eltern verfassen. In diesem Wochenbericht können Sie zum Beispiel die Häufigkeit der Erledigung von Hausaufgaben, das Mitbringen von Arbeitsmaterialien oder die aktive Mitarbeit beurteilen. Wenn bekannt ist, dass das Kind schlechtes Abschneiden in Klassenarbeiten verheimlicht, können auch Ergebnisse von Tests in den Wochenbericht aufgenommen werden. Umgekehrt sollten die Eltern Sie darüber informieren, ob das Kind eine Medikation erhält. Eventuell muss es während des Schultages Medikamente einnehmen und von Lehrkräften daran erinnert werden. Regelmäßige Wochenberichte können zum Beispiel auch dem behandelnden Arzt helfen, die Wirkung der Medikation zu überprüfen und gegebenenfalls anzupassen.

Die Zusammenarbeit mit den Eltern kann bisweilen sehr herausfordernd sein, da nicht wenige Eltern selbst von ADHS betroffen sind. Wappnen Sie sich mit Humor und bleiben Sie konsequent. Suchen Sie das Gespräch und fordern Sie die Kooperation mit den Eltern ein. Es ist wichtig, dass die Eltern erkennen, dass die erfolgreiche Beschulung ihres Kindes nur in enger Kooperation mit Ihnen gelingen kann.

Unterstützung für Eltern

Sie sollten die Eltern auch auf die Möglichkeit hinweisen, sich bei einer Erziehungsberatungsstelle oder beim schulpsychologischen Dienst Unterstützung zu holen. Die Belastung der Eltern von ADHS betroffenen Kindern ist zuweilen immens und auch der Austausch mit anderen Eltern in einer Selbsthilfegruppe kann entlastend wirken. Im Umgang mit ihren Kindern ist auch für Eltern das hilfreich, was für Sie als Lehrkraft im Umgang mit Schülern mit ADHS gilt:

Kinder mit ADHS profitieren von Struktur – daher sollte der Alltag möglichst strukturiert ablaufen.

Tägliche Routinen (z.B. vor dem Schlafen wird der Ranzen für den nächsten Tag gepackt; nach dem Mittagessen werden immer als erstes die Hausaufgaben gemacht) helfen Kindern, den Überblick zu behalten und sich selbst zu strukturieren. Eltern sollten zudem klare Regeln aufstellen und diese konsequent einhalten und durchsetzen. Da die ADHS für die gesamte Familie eine Belastung darstellt, liegen häufig „die Nerven blank“. Gerade dann ist es wichtig, dass Eltern ihr Kind auch für kleine Fortschritte loben und diese wertschätzen.

Bei schweren Fällen der ADHS ist gegebenenfalls bereits eine Jugendhilfe installiert. In diesem Fall sollten Sie auch zum Träger der Jugendhilfe Kontakt aufnehmen (auch zum Beispiel im Rahmen von Hilfeplangesprächen).

Adressen von Erziehungsberatungsstellen erhalten Sie bei der Bundeskonferenz für Erziehungsberatung e.V. unter www.bke.de.

Adressen von Selbsthilfegruppen finden sich auf den Internetseiten von ADHS Deutschland e.V.: www.adhs-deutschland.de.

Der Multimodale Behandlungsansatz am Beispiel des Privaten Gymnasiums Esslingen

Das Private Gymnasium Esslingen (PGE) ist deutschlandweit das erste und einzige Gymnasium, das sich ausschließlich der Beschulung und Betreuung von ADHS betroffenen SchülerInnen widmet. Im Folgenden wird das Konzept des PGE kurz dargestellt. Dieses Konzept ist zwar speziell auf diese Schule zugeschnitten, jedoch sind einzelne Bausteine durchaus in Regelschulen implementierbar. Das PGE verfolgt eine konsequente multimodale Herangehensweise an die ADHS-Problematik der SchülerInnen unter enger Kooperation von Eltern, Therapeuten, ÄrztInnen, Trägern der Jugendhilfe und Lehrkräften. Ermöglicht wird diese engmaschige Betreuung durch ein der Schule angegliedertes psychologisch-pädagogisches Team, bestehend aus einer Schulpsychologin, erfahrenen Sozialarbeiterinnen und Lernbegleitern. Hierdurch sind die Lehrkräfte zu jeder Zeit über die Bedürfnisse jedes einzelnen Kindes im Bilde und können entsprechende Maßnahmen und Nachteilsausgleiche vornehmen.

Ein solch großer Aufwand wird sich in einer Regelschule nicht im gleichen Umfang realisieren lassen. Jedoch muss bedacht werden, dass beispielsweise die Verschreibung von Methylphenidat nach Vorgaben des G-BA (Gemeinsamer Bundesausschuss) seit 16.09.2010 bei einer ADHS ausschließlich unter Beachtung einer therapeutischen Gesamtstrategie beziehungsweise eines multimodalen Behandlungskonzepts erlaubt ist. Die Einbeziehung der Schule in die Gesamtstrategie als dem Ort, an dem in der Regel die größten Probleme der Betroffenen auftreten, ist daher nur folgerichtig.

3 ADHS – eine Störung der Selbstkontrolle

Die ADHS ist kein reines Problem der Aufmerksamkeit, sondern ist vielmehr als eine Störung der Selbstkontrolle zu verstehen. Die Fähigkeit zur Selbstkontrolle ermöglicht die Steuerung der eigenen Handlungen, Gedanken und Gefühle. Kinder mit ADHS zeigen in vielen Situationen, die Selbstkontrolle erfordern, große Probleme, d.h. es fällt ihnen schwer, ihre eigenen Gedanken, Gefühle und Handlungen zu kontrollieren und zu regulieren. Selbstkontrolle hat jedoch einen großen Anteil daran, wie erfolgreich Menschen sind. Dies bedeutet, dass Menschen mit größerer Selbstkontrolle meist mehr Erfolg in Schule und Beruf, einen gesünderen Lebensstil und zufriedenstellendere Partnerschaften haben. In diesem Abschnitt möchten wir diese Befunde etwas genauer darstellen.

Die „Lücke" zwischen dem „Wollen" und dem „Tun"

Intention-Behavior-Gap

In der Motivationspsychologie ist die Lücke zwischen dem Wollen und dem Tun/dem Handeln bestens bekannt und wird zumeist *Intention-Behavior-Gap* (Absichts-Verhaltens-Lücke) genannt. Dies bedeutet, dass Menschen oft wissen, was sie gerne tun möchten, sich aber ganz anders verhalten. Sicher kennen Sie das auch: Sie möchten gerne im neuen Jahr gesünder leben und nehmen sich vor, nach dem Jahreswechsel mehr Sport zu treiben und sich gesünder zu ernähren. Im Januar funktioniert dies noch ganz gut – das ist im Übrigen auch der Grund, warum Fitnessstudios jedes Jahr im Januar aufs Neue überfüllt sind von motivierten Besuchern. Jedoch nähern Sie sich nach und nach Ihrem alten Verhaltensmuster und Ihren alten Routinen wieder an und spätestens im Frühjahr sind die guten Neujahrsvorsätze wieder vergessen und in den Fitnessstudios kehrt Ruhe ein.

In den letzten Jahren wurden einige Anstrengungen unternommen, um Mittel zu entwickeln und zu untersuchen, mit denen Menschen dieses Intention-Behavior-Gap überwinden können. Dazu gehört zum Beispiel das Planen und eine spezielle Form des Planens hat in dieses Trainingsprogramm Eingang gefunden. Das bedeutet: Planen ist effektiv zur Unterstützung der Selbstkontrolle und Wenn-Dann-Pläne scheinen diesbezüglich besonders erfolgreich zu sein. Durch ihr Format kann man Wenn-Dann-Pläne von Zielintentionen unterscheiden.

In einer Metaanalyse wurde festgestellt, dass Wenn-Dann-Pläne äußerst effektiv sind (Gollwitzer/Sheeran 2006).

! Eine Zielintention hat das Format „Ich möchte Z erreichen". Ein Wenn-Dann-Plan hat das Format „Und immer wenn die Situation X eintritt, dann führe ich Handlung Y durch" – die Handlung Y ist eine zielführende Handlung, das heißt, sie führt zum Ziel Z.

Beispiel

Ziel: Ich möchte mich gesünder ernähren.

Wenn-Dann-Plan: Und immer wenn ich einkaufen gehe, kaufe ich Obst und Gemüse.

Wenn-Dann-Plan: Und immer wenn ich mein Mittagessen auf dem Markt kaufe, dann bestelle ich mir einen Salat (statt einer Bratwurst).

Wenn-Dann-Plan: Und immer wenn ich Durst habe, dann trinke ich Wasser (statt Cola).

Ziel: Ich möchte mehr Sport treiben.
Wenn-Dann-Plan: Und immer wenn ich nach der Schule nach Hause komme, dann ziehe ich meine Laufschuhe an und jogge eine Runde im Park.
Wenn-Dann-Plan: Und immer wenn ich morgens aufwache und noch müde und unfit bin, dann gehe ich eine kleine Runde im Park spazieren.
Wenn-Dann-Plan: Und immer wenn ich unruhig werde, dann fahre ich eine Runde mit dem Fahrrad.

Ziel: Ich möchte nicht mehr dazwischen reden.
Wenn-Dann-Plan: Und immer wenn ich dazwischen reden will, dann sage ich mir STOP.
Wenn-Dann-Plan: Und immer wenn ich dazwischen reden will, dann notiere ich mir meine Gedanken auf einem Zettel.
Wenn-Dann-Plan: Und immer wenn ich dazwischen reden will, dann melde ich mich und warte bis ich drangenommen werde.

Ziel: Ich möchte mich nicht von meinen MitschülerInnen ablenken lassen.
Wenn-Dann-Plan: Und immer wenn Lisa mich im Unterricht anspricht, dann sage ich: „Erzähl mir das in der Pause.“
Wenn-Dann-Plan: Und immer wenn mich das Schwätzen in der Klasse stört, dann atme ich drei Mal tief ein und aus und konzentriere mich besonders auf meine Aufgaben.
Wenn-Dann-Plan: Und immer wenn ich Martin im Unterricht was erzählen will, dann schreibe ich mir das auf und erzähl’ es ihm nach dem Unterricht.

Wenn-Dann-Plan: Und immer wenn mich Michael anspricht, dann konzentriere ich mich extra doll auf den Unterricht.

Das Marshmallow-Experiment

Ein bekanntes Experiment zur Überprüfung von Selbstkontrollkompetenzen ist das sogenannte Marshmallow-Experiment von Walter Mischel und Kollegen (1989). Hier werden Vorschulkinder vor die Wahl gestellt, entweder *ein Marshmallow sofort* essen zu dürfen oder *zwei Marshmallows nach einer gewissen Wartezeit* – im Falle des Originalexperiments sind dies etwa 20 Minuten. Die Kinder müssen ihrem Impuls, das vor ihnen liegende Marshmallow zu essen, zunächst widerstehen, damit sie abschließend zwei Marshmallows bekommen. Die Anforderung besteht also darin, auf eine kleine, sofortige Belohnung zugunsten einer größeren, verzögerten Belohnung verzichten zu können. Mischel und Kollegen konnten in Längsschnittstudien zeigen, dass Kinder, die im Vorschulalter länger auf die größere Belohnung warten können, als Schulkinder bessere Schulleistungen zeigen und von Eltern und Lehrern als sozial kompetenter eingeschätzt werden. Natürlich funktioniert dieses Experiment auch mit Keksen, Schokoriegeln oder kleinen Salzbrezeln, d.h. mit anderen Süßigkeiten oder Belohnungen.

Wie wirken Wenn-Dann-Pläne bei Kindern mit ADHS?

Belohnungsaufschub

Belohnungsaufschub ist also die Fähigkeit, zugunsten einer zeitlich verzögerten, größeren Belohnung auf eine sofortige, kleinere Belohnung zu verzichten – und ist eine bedeutende Selbstkontrollkompetenz. Kinder mit ADHS haben vermutlich aufgrund ihrer Impulsivität Schwierigkeiten mit dem Belohnungsaufschub.

In mehreren unserer Studien sollten sich Kinder mit ADHS in einem Computerspiel zwischen einer sofortigen, weniger begehrten (auf einem Bildschirm dargebotene rote Bilder, die nur einen Punkt wert sind) und einer verzögerten, begehrteren Belohnung (auf einem Computerbildschirm dargebotene blaue Bilder, die drei Punkte wert sind) entscheiden (Gawrilow et al. 2011a). Nach Beendigung des Spiels konnten die Kinder ihre erreichten Punkte in Geld umwandeln, wobei sie pro Punkt 5 Cent ausgezahlt bekamen. Ein Drittel der Kinder erhielt zusätzlich zur Aufgabeninstruktion einen neutralen Merksatz („Rote Bilder sind einen Punkt und blaue Bilder sind drei Punkte wert"), ein weiteres Drittel erhielt ein Ziel („Ich will mir so viele Punkte wie möglich holen"). Die verbleibenden Kinder erhielten einen Wenn-Dann-Plan („Und immer wenn ein rotes Bild erscheint, dann warte ich auf das blaue Bild"). Verglichen mit Kindern, die lediglich einen Merksatz erhielten, schafften es Kinder mit einem Wenn-Dann-Plan häufiger, auf die wertvolleren Bilder zu warten. Ein einfaches Ziel war jedoch gegenüber dem Merksatz nicht von Vorteil.

Störungen ignorieren

In einer weiteren Studie wollten wir untersuchen, ob Wenn-Dann-Pläne Kindern dabei helfen können, während der Bearbeitung von Aufgaben störende Reize zu ignorieren (Gawrilow et al. 2011b). Zu diesem Zweck entwickelten wir folgenden Versuchsaufbau: Kinder mit und ohne ADHS mussten an einem Arbeitsplatz arbeiten, an welchem zwei Computerbildschirme übereinander aufgestellt waren. Auf dem oberen Bildschirm lief die Hauptaufgabe der Kinder ab: Sie mussten Mathematikaufgaben lösen. Auf dem unteren Bildschirm wurden die Kinder zu zufälligen Zeitpunkten durch Videoausschnitte aus dem Film „Shrek“ abgelenkt. Damit wollten wir die reale Situation, in welcher Kinder vom Lösen ihrer Schul- oder Hausaufgaben durch externe Reize abgelenkt werden, im Labor experimentell nachstellen.

Zielspezifität

Zusätzlich waren wir noch interessiert an der Wirkung spezifischer Wenn-Dann-Pläne im Vergleich zu einfachen Zielintentionen: Aufgabenförderliche Wenn-Dann-Pläne („Und immer wenn der Film kommt, dann konzentriere ich mich auf meine Aufgabe“) und ablenkungsunterdrückende Wenn-Dann-Pläne („Und immer wenn der Film kommt, dann ignoriere ich ihn“). Die teilnehmenden Kinder mit und ohne ADHS erhielten also entweder eine einfache Zielintention („Ich will mich nicht ablenken lassen“) oder einen der beiden Wenn-Dann-Pläne. Die Ergebnisse zeigen, dass Kinder mit ADHS von beiden Plänen profitieren – im Mittelwert ist jedoch ein Vorteil des aufgabenförderlichen Wenn-Dann-Plans („Und immer wenn der Film kommt, dann konzentriere ich mich auf meine Aufgabe“) sichtbar. Weitere Studien sollten prüfen, ob sich dieses Ergebnis auch in anderen Aufgaben und anderen Lebensbereichen replizieren lässt.

In einer weiteren Studie (Gawrilow et al. 2013) haben wir den Nutzen von Lernstrategien und Selbstregulationsstrategien für Sechst- und Siebtklässler mit und ohne Risiko für eine ADHS-Diagnose untersucht. Dazu haben wir Schulkinder eingeladen, die in Gruppen an unterschiedlichen Trainings teilgenommen haben und unter anderem die Eltern dieser Kinder zwei Wochen später nach dem Fortschritt befragt.

Die Kinder wurden per Zufall zwei verschiedenen Trainings zugeteilt. Die eine Hälfte der Kinder nahm an einem reinen Lernstrategietraining teil: Diese Kinder erlernten durch eine Übung, welche Lernstrategien (z.B. visuelles Lernen) für sie persönlich am Besten geeignet sind.

MCII

Die andere Hälfte der Kinder nahm zusätzlich an einem Training zur Verbesserung der Selbstkontrolle teil. Hier wurde den Kindern eine spezielle Selbstregulationsstrategie vorgestellt. Diese wird als „Mental Contrasting with Implementation Intentions“ (MCII) bezeichnet – übersetzen kann man das als „mentales Kontrastieren und Erstellen von Wenn-Dann-Plänen“ (Oettingen, 1996; Gollwitzer, 1999).

Mittlerweile ist dieses kombinierte Training von Selbstregulationsstrategien unter dem Namen WOOP bekannt geworden: **W**ish, **O**utcome, **O**bstacle, **P**lan, d.h. Wunsch/Anliegen, Ergebnis, Hindernis, Plan sind die Schritte, die sich zur Verbesserung der Selbstkontrolle als erfolgreich gezeigt haben (Oettingen 2014).

Tipp

Filmtipp zu WOOP: https://www.ardmediathek.de/tv/odysso-Wissen-im-SWR/Woop-Gewohnheiten-überwinden/SWR-Fernsehen/Video?bcastId=246888&documentId=34805942

Mentales Kontrastieren

Mentales Kontrastieren ist eine Technik, die dabei helfen soll, aus Erwartungen und Fantasien verbindliche Ziele zu machen. Beim mentalen Kontrastieren werden positive Aspekte der Zukunft und hinderliche Aspekte der Realität gegenübergestellt. Konkret bedeutete dies in unserer Studie, dass die SchülerInnen zunächst an ihr wichtigstes aktuelles schulisches Ziel denken sollten (z.B. in der nächsten Mathematik-Klassenarbeit gut abzuschneiden). Danach sollten sie erst an positive Aspekte der Zukunft (z.B. wie sehr sich die Eltern über eine gute Note freuen würden) und im Anschluss an hinderliche Aspekte der gegenwärtigen Realität (z.B. wie wenig Lust sie zum Lernen haben) denken. Durch das gedankliche Ausmalen dieser beiden Aspekte werden Zukunft und gegenwärtige Realität gleichzeitig zugänglich und die Realität erscheint der erwünschten Zukunft als im Wege stehend – die wenige Lust am Lernen verhindert, dass sich die Eltern über die gute Note freuen (Oettingen et al. 2001).

Nach dem mentalen Kontrastieren lernten die SchülerInnen, eigene Wenn-Dann-Pläne zu erstellen. Hierzu überlegten die SchülerInnen zunächst, in welcher Situation sie am besten eine zielführende Handlung zeigen könnten. Ein Kind mit dem Ziel, in der nächsten Mathematik-Arbeit gut abzuschneiden, sollte also überlegen, zu welchen Zeitpunkten er für diese Mathematik-Klassenarbeit am besten lernen würde. Dieser Zeitpunkt wurde dann in den Wenn-Teil des Wenn-Dann-Plans eingefügt (z.B. „immer nach dem Abendessen“). Danach überlegten die SchülerInnen, welche Verhaltensweisen hilfreich sind, um das Ziel zu erreichen (z.B. jeden Tag 30 Minuten Mathe-Übungsaufgaben lösen) – diese Verhaltensweise bildet den Dann-Teil. Der Wenn-Dann-Plan könnte also dementsprechend lauten: „Immer wenn ich mit dem Abendessen fertig bin, dann übe ich 30 Minuten lang Matheaufgaben.“

Eltern-befragung

Zwei Wochen nach dem Training wurden die Eltern der SchülerInnen interviewt und zur schulischen Selbstkontrolle ihrer Kinder befragt. Die Befragung ergab, dass Kinder mit Risiko für eine ADHS-Diagnose generell mehr Probleme in der Schule hatten als Kinder ohne

Risiko für eine ADHS-Diagnose. Kinder mit Risiko für ADHS konnten sowohl vom Training der Lernstrategien als auch der Selbstregulationsstrategien profitieren. Kinder ohne Risiko für ADHS profitieren nur vom Selbstregulationstraining (vermutlich da sie im Vergleich zu den ADHS-Kindern im Gebrauch von Lernstrategien geübter waren).

Studie zur Wirkung von Wenn-Dann-Plänen im Unterricht:

In einer weiteren Studie haben wir untersucht, ob Kinder mit ADHS im Schulunterricht von Wenn-Dann-Plänen profitieren können. An dieser Studie nahmen SchülerInnen des Privaten Gymnasiums Esslingen teil – einer Schule, die sich auf das Unterrichten von Kindern mit ADHS spezialisiert hat. Zu Beginn des Trainingsprogramms bekamen die Lehrkräfte eine kurze Schulung zur Unterstützung der Selbstkontrolle durch Ziele und Pläne. Die Lehrkräfte führten dann die Intervention selbstständig in ihren Klassen durch, wobei die SchülerInnen aus vorgegebenen Zielen und Wenn-Dann-Plänen auswählten. Diese Ziele und Wenn-Dann-Pläne waren auf Selbstkontrollprobleme von Kindern mit ADHS im Unterricht zugeschnitten (z.B. Ziel: „Ich möchte im Unterricht leiser sein!“; Wenn-Dann-Plan: „Und immer wenn ich Krach mache, dann mache ich die Augen zu, spanne meine Fäuste ganz fest an und zähle bis fünf.“). Um die Wirkung von Wenn-Dann-Plänen mit der von einfachen Zielintentionen zu vergleichen, teilten wir die SchülerInnen in zwei Bedingungen ein: Die Hälfte der SchülerInnen suchte sich zunächst nur ein Ziel aus, das sie in den nächsten beiden Wochen erreichen wollten. Die andere Hälfte suchte sich ein Ziel mit passendem Wenn-Dann-Plan aus. Das jeweilige Ziel bzw. den jeweiligen Plan schrieben sich alle SchülerInnen auf einen Aufkleber und befestigten diesen gut sichtbar auf ihrem Tisch. Zwei Wochen später erhielten alle SchülerInnen eine Sitzung, in der sie ein Ziel mit passendem Wenn-Dann-Plan wählten. Vor Beginn der Studie und zwei Wochen nach beiden Sitzungen beurteilten die Lehrkräfte die Selbstkontrollkompetenzen ihrer SchülerInnen. Es zeigte sich, dass das Setzen eines Ziels den SchülerInnen nicht half, ihre Selbstkontrolle zu steigern. Alle SchülerInnen zeigten jedoch bessere Selbstkontrollkompetenzen, nachdem sie ihre erste Sitzung mit einem Ziel und Wenn-Dann-Plan erhielten. Langfristig bessere Ergebnisse zeigten sich jedoch bei SchülerInnen, die zunächst mit dem Aussuchen eines Ziels begannen. Da die SchülerInnen in dieser Studie nur aus vorgegebenen Zielen und Plänen wählen konnten, haben die SchülerInnen von den Zielen vermutlich insofern profitiert, als dass ihre Aufmerksamkeit für Problemsituationen gesteigert wurde. Da Wenn-Dann-Pläne den Fokus auf die im Plan definierte Situation legen, kann dies eventuell zu einer Verringerung der Aufmerksamkeit für andere relevante Situationen führen. Werden Ziele und Pläne jedoch selbst formuliert und erarbeitet, ist dieses Risiko jedoch weniger relevant (Guderjahn et al. 2013).

verbesserte Leistungen

Wenn-Dann-Pläne sind eine effektive Form des Planens – insbesondere für Kinder mit ADHS sind diese Pläne sehr gut geeignet. Kinder mit ADHS zeigen eine verbesserte Inhibitionsleistung, einen verbesserten Aufgabenwechsel und ein verbessertes Arbeitsgedächtnis, wenn sie vor der Erledigung einer laborexperimentellen Aufgabe gebeten werden, einen relevanten Wenn-Dann-Plan zu bilden. Weitere Studien prüfen die Anwendbarkeit dieser Pläne auf den Alltag von Kindern mit ADHS: Generalisierbarkeit und Transfer der Effekte stehen dabei im Vordergrund (siehe Gawrilow 2016).

4 Mit Plänen den Schulalltag meistern

breite Anwendbarkeit

In den vorherigen Kapiteln haben Sie bereits einiges über die Ursachen von und Therapiemöglichkeiten bei ADHS erfahren. Die Anwendung des Trainingsprogramms soll es Ihnen nun ermöglichen, die wissenschaftlichen Erkenntnisse über die Wirksamkeit von Wenn-Dann-Plänen zu nutzen, um die selbstregulativen Kompetenzen Ihrer SchülerInnen gezielt zu fördern. Prinzipiell sind Wenn-Dann-Pläne für alle Schülergruppen geeignet. Aus der Forschung wissen wir jedoch, dass sie besonders hilfreich sind für Kinder, die unter einer ADHS leiden. Aber auch bei anderen Kindern mit Problemen im Bereich der Aufmerksamkeit und des Lernverhaltens ist eine Förderung der selbstregulativen Kompetenzen möglich. Die Anwendung des Trainingsprogramms beschränkt sich somit nicht nur auf Schüler mit einer diagnostizierten ADHS. Wenn-Dann-Pläne können bei SchülerInnen aller Klassenstufen eingesetzt werden und sind somit in der Grundschule ebenso geeignet wie in weiterführenden Schulen. Da Sie die konkreten Inhalte der Wenn-Dann-Pläne individuell festlegen, achten Sie einfach darauf, dass diese den Bedürfnissen und Fertigkeiten des Schülers entsprechen.

Der Einsatz dieses Trainingsprogramms kann natürlich die Inanspruchnahme professioneller Hilfe durch einen Therapeuten nicht ersetzen. Das Trainingsprogramm kann Ihnen aber dabei helfen, im Unterricht besser mit den besonderen Bedürfnissen der Kinder mit ADHS umzugehen. Damit helfen Sie nicht nur den ADHS-Kindern. Auch die Klassenführung und der Unterricht insgesamt profitieren davon, wenn es gelingt, die unaufmerksamen, impulsiven und hyperaktiven Kinder und Jugendlichen besser in die Lehr-Lern-Prozesse einzubeziehen.

Der Einsatz von Wenn-Dann-Plänen in der Schule

Steckbrief Wenn-Dann-Pläne

Wenn-Dann-Pläne haben die allgemeine Form „Immer wenn [Situation X] eintritt, dann zeige ich [Verhalten Y]“. Sie erleichtern das Umsetzen von Absichten in die Tat.

Durch die Verknüpfung bestimmter Verhaltensweisen mit einer bestimmten Situation erwirbt die Situation einen Auslösecharakter: Sobald die Situation eintritt, wird das Verhalten automatisch ausgelöst. Es ist keine neuerliche Entscheidung und keine bewusste Steuerung notwendig, um das Verhalten in Gang zu setzen.

Zu Beginn üben Sie das Formulieren von Wenn-Dann-Plänen mit Ihren Schülern. Später sollten die SchülerInnen eigenständig Wenn-Dann-Pläne formulieren können.

Beispiel

Ihr Schüler Jan hat sich in seiner Leistung im letzten Schuljahr kontinuierlich verschlechtert. Sie haben das Gefühl, dass Jan sich häufig nicht konzentrieren kann und deshalb im Unterricht nur wenig mitbekommt. Zusätzlich lässt er sich leicht ablenken, ist hibbelig und stört damit auch andere Kinder. Seine Hausaufgaben macht er nur äußerst unregelmäßig.

Fälle wie der von Jan sind keine Seltenheit. Bei Jan besteht das übergeordnete Ziel für Sie als Lehrkraft darin, Jan so zu unterstützen, dass seine Leistungsdefizite weniger werden bzw. nicht noch weiter anwachsen. Natürlich ist das Ziel jeder Lehrkraft, alle SchülerInnen so gut wie möglich zu unterstützen. An dieser Stelle soll es um die SchülerInnen gehen, die zusätzlicher Förderung bedürfen und für die eine optimale Unterrichtsplanung und -gestaltung nicht ausreicht.

Ein Ziel finden

Wenn-Dann-Pläne können helfen, SchülerInnen bei der Erreichung von individuellen Zielen zu unterstützen. Dazu gehört zunächst, dass ein Ziel festgelegt wird, das sinnvoll, realistisch und erreichbar ist. Gerade für Kinder mit ADHS ist dies jedoch keine einfache Aufgabe. Das Formulieren von Wenn-Dann-Plänen, die der Zielerreichung dienen, ist am Anfang ebenfalls eine Herausforderung. Daher ist es beim erstmaligen Einsatz der Wenn-Dann-Pläne (und unter Umständen auch später noch) wichtig, dass Sie Ihre SchülerInnen dabei unterstützen, ein sinnvolles Ziel und den konkreten Wenn-Dann-Plan festzulegen. Mit der Zeit wird es den Kindern und Jugendlichen leichter fallen, diese Aufgabe alleine zu meistern. Mit den Wenn-Dann-Plänen wird ihnen ein Werkzeug an die Hand gegeben, das sie in die Lage versetzt, ihre Verhaltensweisen selbstständig zu verändern. Am Ende des Trainings werden sich die Schüler – unabhängig von Ihnen als Lehrkraft – eigene Ziele setzen und Wenn-Dann-Pläne zur Zielerreichung formulieren können.

Einsatzbereiche von Wenn-Dann-Plänen

Im vorherigen Abschnitt könnte der Eindruck entstanden sein, dass Wenn-Dann-Pläne nur dann von Vorteil sind, wenn man an schulischen Zielen arbeiten will. Dies ist jedoch nicht der Fall: Zahlreiche Studien belegen, dass Wenn-Dann-Pläne in den unterschiedlichsten Bereichen eingesetzt werden können, um Personen bei der Zielerreichung zu unterstützen (z.B. in Bezug auf Ernährungs- und Sportverhalten, berufliche und private Ziele).

Verhalten, Gedanken, Gefühle

Kinder und Jugendliche mit ADHS haben Schwierigkeiten, ihr Verhalten, aber auch ihre Gedanken und Gefühle zu steuern. Es kann also für ein Kind mit ADHS wichtig sein, sein Verhalten zu ändern, um selbst besser lernen zu können und um andere Kinder nicht so sehr abzulenken. Genauso können aber auch Probleme bei der Steuerung von Gedanken oder Gefühlen Inhalte des Wenn-Dann-Plan-Trainingsprogramms sein.

Beispiel

Denkbar wäre zum Beispiel der Wenn-Dann-Plan „Immer wenn ich merke, dass meine Gedanken in der Stunde abschweifen, dann sage ich mir: ‚Stopp!' und konzentriere mich besonders auf meine Aufgabe", falls es Probleme bei der Aufmerksamkeitsfokussierung gibt. Für einen Jugendlichen, der unter Wutausbrüchen leidet, könnte beispielsweise folgender Wenn-Dann-Plan hilfreich sein: „Immer wenn ich total sauer werde, dann mache ich meine Augen zu, atme ganz ruhig und balle meine Fäuste zehn Mal ganz fest."

individuelle Lösungen

Wenn-Dann-Pläne sind in allen Bereichen einsetzbar. Damit sie wirken, müssen sie den individuellen Umständen des Betreffenden angepasst sein. Strategien, die für einen Schüler hilfreich sind (zum Beispiel die Fäuste ballen, um Spannungen abzubauen), werden für andere möglicherweise nicht passend sein. Daher ist das persönliche Gespräch zwischen Lehrkraft und SchülerIn zum Herausfinden und Festlegen von Zielen, Situationen und Handlungsoptionen, das für individuelle Lösungen genügend Raum lässt, von so großer Bedeutung.

Schritt 1: Sich selbst einen Überblick verschaffen

Bevor Sie das Gespräch mit einem Kind suchen, ist es wichtig, dass Sie sich zunächst selbst eine gute Übersicht darüber verschaffen, was Ihre eigenen Erwartungen sind.

- Welches (übergeordnete) Ziel sehe ich aktuell als das Relevanteste an? Warum ist das so?
- Mit welchen Auslöse-Situationen könnte ein zielführendes Verhalten gut verknüpft werden?
- Wie könnte ein zielführendes Verhalten aussehen?

Zielhierarchie

Eine Zielhierarchie kann helfen, einen Überblick zu bekommen. Meist gibt es mehrere Ziele, die Sie als relevant erachten werden. Ordnen Sie diese Ziele zunächst dahingehend, wie dringlich oder wichtig ihre Erreichung ist.

Beispiel

Sie sehen Jans Probleme im Mathematikunterricht als momentan größte Herausforderung an, da er sich in diesem Fach kontinuierlich verschlechtert hat und weil er weit hinter seinen Möglichkeiten zurück bleibt. Sie denken, es wäre schon ein großer Fortschritt gemacht, wenn Jan im Unterricht besser aufpassen würde und er sich weniger von seinen MitschülerInnen ablenken ließe.

Schritt 2: Gemeinsam ein Ziel festlegen

Sobald Sie sich vorbereitet haben, können Sie nun das Gespräch mit dem Kind suchen. In einem ersten Schritt sollten Sie gemeinsam überlegen, welches konkrete Ziel er in der nächsten Zeit verfolgen möchte (➲ **Arbeitsblatt 1**). Teilen Sie ihm mit, was Sie dazu bewegt hat, das Gespräch mit ihm zu suchen und welche individuellen Ziele Ihrer Meinung nach wichtig wären. Achten Sie darauf, ihm zu signalisieren, dass es sich hierbei erst einmal nur um Ihre eigene Meinung und um Ihre eigenen Gedanken handelt und dass er selbstverständlich genauso seine Meinung sagen darf wie Sie. Stellen Sie in jedem Fall sicher, dass das Kind verstanden hat, was mit einem „Ziel" genau gemeint ist.

Commitment

Lassen Sie dem Kind oder Jugendlichen genügend Zeit, selbst über sein (Problem-)Verhalten in der Schule und über mögliche Zielsetzungen nachzudenken. Dies kann erfordern, dass Sie sich erneut verabreden müssen. Denken Sie daran, dass die persönliche Identifikation mit einem Ziel (das Commitment) eine der wichtigsten Grundvorrausetzungen für die erfolgreiche Zielerreichung ist. Hierbei kann es hilfreich sein, den Schüler oder die Schülerin an Interessen und Langzeitziele (z.B. an einen Berufswunsch) zu erinnern.

Sobald Sie gemeinsam entschieden haben, welches konkrete Ziel in der nächsten Zeit verfolgt werden soll, wird dieses Ziel auf dem ➲ **Arbeitsblatt 1** verbindlich eingetragen.

Wichtig ist, dass sich die SchülerInnen mit ihrem Ziel idenfizieren.

Beispiel

Es sind vielfältige Ziele denkbar, denn die Probleme der Kinder und Jugendlichen sind individuell verschieden. Mögliche Ziele könnten beispielsweise sein:

- Ich möchte meine Hausaufgaben regelmäßig erledigen.
- Ich möchte meine Materialien vollständig mitbringen.
- Ich möchte mich weniger von anderen Kindern ablenken lassen.
- Ich will mich nicht mehr mit meinen Mitschülern streiten.

- Ich will im Unterricht nicht mehr hereinrufen, sondern mich melden.

Diese Ziele können also Annäherungsziele („Ich möchte meine Hausaufgaben regelmäßig erledigen") oder Vermeidungsziele („Ich möchte mich nicht ablenken lassen") sein.

Im schulischen Kontext wird der Anstoß zum Einsatz von Wenn-Dann-Plänen meist ein leicht sichtbares Problemverhalten der SchülerInnen sein. Dies könnte beispielsweise sein, dass ein Kind nie mitbekommt, welche Hausaufgaben gegeben werden. Sie sollten jedoch darauf achten, dass das Kind nicht das Gefühl bekommt, Sie selbst würden für es festlegen, wie Sie sich sein zukünftiges Verhalten genau vorstellen (z.B. jedes Mal, wenn Sie die Aufgaben ansagen, einen Stift nehmen und mitschreiben). Machen Sie deutlich, dass Sie gemeinsam mit ihm an einer Verhaltensänderung – die es sich selber wünscht – arbeiten möchten. Bezogen auf das Hausaufgaben-Beispiel bedeutet dies, dass dem Kind klar sein sollte, das ein regelmäßiges Erledigen der Hausaufgaben notwendige Voraussetzung für seinen persönlichen Erfolg ist. Denn die persönliche Identifikation mit dem Ziel ist eine wichtige Voraussetzung dafür, dass die formulierten Wenn-Dann-Pläne zum gewünschten Erfolg führen.

Ziel gemeinsam finden

Im Gespräch mit Jan können Sie beide einen gemeinsamen Nenner finden: Auch Jan merkt, dass er etwas tun muss, um in Mathematik wieder besser zu werden. Erinnern Sie Jan daran, warum es wichtig ist, im Mathematikunterricht gut abzuschneiden – vielleicht hat er einen bestimmten Berufswunsch, für den Mathematikkenntnisse nötig sind? Hatte er in der Vergangenheit eigentlich Freude am und Erfolge im Mathematikunterricht? Überlegen Sie dann mit Jan gemeinsam, was momentan seine persönlichen Hindernisse sind – warum gelingt es ihm nicht, sich für den Mathematikunterricht gut vorzubereiten? Warum fallen ihm die Aufgaben so schwer?

Zielformulierung

Um nun zu seinem Ziel zu gelangen – d.h. in Mathe besser zu werden – sollte sich Jan zunächst einmal vornehmen, die nächste Klassenarbeit in Mathe besser zu meistern. Jan hat also das Ziel formuliert: „Ich möchte in der nächsten Mathematikarbeit eine bessere Note erreichen."

Was macht ein gutes Ziel aus?

Ziele motivieren Verhalten. Bestimmte Zieleigenschaften führen jedoch eher zu Verhaltensänderungen als andere:

1. Selbstgesetzte Ziele sind eher wirksam. Auch fremdgesetzte Ziele können natürlich eine Verhaltensänderung bewirken. Dazu muss das Ziel jedoch akzeptiert und als verbindlich angesehen werden. Das bedeutet: Ein Ziel, welches das Kind selbst auswählt und als relevant und attraktiv erachtet, sollte immer Priorität haben.
2. Somit führen persönlich wichtige und attraktive Ziele eher zu Verhaltensänderungen als Ziele, die nicht als persönlich wichtig und attraktiv erachtet werden.
3. Herausfordernde, aber machbare Ziele sind effektiver, das heißt die Zielsetzung sollte zu den Potentialen und Fähigkeiten einer Person passen und auch so wahrgenommen werden.

4. Ziele sollten außerdem möglichst spezifisch und konkret formuliert sein. Kinder sollten sich beispielsweise ein bestimmtes Schulfach aussuchen, in dem sie besser werden wollen oder ein spezifisches Verhalten, welches sie verändern wollen (nicht mehr so viel zappeln, die Mitschüler nicht mehr ärgern, nicht mehr mit der Antwort herausplatzen).
5. Das Ausmaß der Zielerreichung muss überprüfbar sein. Ein schönes Beispiel hierfür im schulischen Kontext sind die Schulnoten, die die Kinder in verschiedenen Fächern erreichen. Das heißt, wenn sich ein Kind vorgenommen hat, eine bessere Note in einem bestimmten Fach zu erlangen, ist dies ein gut prüfbares Ziel. Dennoch sollte es aber auch möglich sein, dass sich SchülerInnen weniger gut prüfbare Ziele setzen – wie z.B. Verhaltensziele („Ich möchte weniger zappeln“).

Schritt 3: Zielrelevante Situationen und Handlungen auswählen

Nachdem Sie gemeinsam mit Ihrem Schüler oder Ihrer Schülerin ein Ziel formuliert haben, geht es im nächsten Schritt darum, die Situationen herauszuarbeiten, die für die Erreichung des Ziels Bedeutung haben.

Beispiel

Jan hat das Ziel formuliert: „Ich möchte in der nächsten Mathematikarbeit eine bessere Note schreiben." Es wird unterschiedliche Dinge geben, die Jan tun kann, um seinem Ziel näher zu kommen. Er könnte zum Beispiel regelmäßiger Hausaufgaben machen, zusätzliche Übungsaufgaben lösen, Nachhilfestunden nehmen oder im Unterricht besser aufpassen.

Ressourcen und Lösungen

Dafür überlegen Sie zunächst gemeinsam, was man überhaupt tun kann, um das Ziel zu erreichen (➲ **Arbeitsblatt 2**). Nicht alle Verhaltensweisen sind vermutlich gleich gut für alle Kinder geeignet und einige werden im Allgemeinen auch zielführender sein als andere. Dies ist also einerseits von den Ressourcen abhängig, die das Kind mitbringt und andererseits auch vom Kontext und Umfeld, in dem es sich bewegt. Ressourcen könnten in diesem Falle persönliche und auch materielle Ressourcen betreffen, das bedeutet z.B. kognitive Fähigkeiten zum Planen oder auch materielle Möglichkeiten, die ein erfolgreiches Planen erlauben. An dieser Stelle sollten Sie es dem Kind ermöglichen, erst einmal selbstständig Lösungsmöglichkeiten (also zielführende Handlungen) zu benennen. Greifen Sie zunächst nicht wertend ein, indem Sie Vorschläge als ungeeignet verwerfen. Sobald keine weiteren Ideen mehr vorgebracht werden oder wenn die Äußerungen zu sehr vom Thema abschweifen, bringen Sie Ihre eigenen Vorschläge mit ein.

Nachdem einige Handlungsmöglichkeiten auf dem Tisch liegen, muss nun überlegt werden, in welchen Situationen die zielführenden Handlungen überhaupt durchgeführt werden können. Dies wird auf dem Arbeitsblatt unter der „Handlung“ notiert.

Beispiel

Jan hat unter „Was kann ich tun?“ geschrieben, dass er zusätzliche Übungsaufgaben erledigen könnte. Unter Situationen, in denen die Übungsaufgaben erledigt werden könnten, nennt er „täglich nach dem Mittagessen“, „direkt nach den Hausaufgaben“ und „jeden Samstag nach dem Frühstück“.

kognitive Verfestigung

Diesem Schritt des Suchens und Auswählens von Handlungen und Situationen kommt eine besonders große Bedeutung zu. Er darf keinesfalls übersprungen werden, indem etwa einige Wenn-Dann-Pläne direkt formuliert werden und der offensichtlich „passende“ unter diesen einfach ausgewählt wird. Denn schon die Formulierung eines Wenn-Dann-Plans führt zu einer kognitiven Verfestigung desselben. Wenn man sich aber vorschnell auf einen oder mehrere ungünstige, letztendlich gar nicht weiter verfolgte Wenn-Dann-Pläne festlegen würde, bliebe die Wirksamkeit des später tatsächlich verfolgten Wenn-Dann-Plans hinter seinen Möglichkeiten zurück.

Schritt 4: Einen Wenn-Dann-Plan erstellen

In einem Wenn-Dann-Plan wird nun genau festgelegt, wie, wo und wann ein Schüler handeln will, um dem formulierten Ziel näher zu kommen.

Das Prinzip üben

Erklären Sie hierzu zunächst das Prinzip der Wenn-Dann-Pläne anhand des ➲ **Arbeitsblattes 2.** Auf diesem Arbeitsblatt wird an einem Beispiel („Mein Ziel ist es, Taschengeld zu sparen.") erläutert, dass es verschiedene Handlungsmöglichkeiten gibt, die eine Person ihrem Ziel näher bringen können. Damit diese Handlungen auch ausgeführt werden, ist es gut, sie mit bestimmten Situationen zu verknüpfen. Sie sollten besonders hervorheben, dass die Erstellung von Wenn-Dann-Plänen, wie es auf dem Arbeitsblatt geübt wird, effektiv dabei helfen kann, selbst gesteckte Ziele zu realisieren und dass diese Methode nicht nur für Ziele im Zusammenhang mit Schule und Lernen hilfreich ist.

Den Wenn-Dann-Plan formulieren

Nach dem Üben an einem Beispiel stellen Sie nun gemeinsam mit Ihrem Schüler oder Ihrer Schülerin, zunächst noch auf dem Übungsblatt, einen konkreten Wenn-Dann-Plan auf. Wählen Sie hierzu aus den gesammelten Handlungsoptionen eine gemeinsam aus und spezifizieren Sie die konkrete Situation, in der die zielführende Handlung stattfinden soll.

Beispiel

Jan hat sich dafür entschieden, zusätzlich zu üben, um seinem Ziel, eine bessere Mathematiknote zu erreichen, näher zu kommen. Er kann sich vorstellen, dass er dies am besten jeden Schultag direkt nach dem Mittagessen erledigen wird. Um genau festzulegen, was Jan machen soll, überlegen Sie gemeinsam, wie viele Übungsaufgaben realistisch zu bewältigen sind. Jan formuliert nun den Wenn-Dann-Plan: „Immer wenn ich mit dem Mittagessen fertig bin, dann erledige ich sofort fünf Mathematikübungsaufgaben."

ein Plan zu einer Zeit

Es sollte zu einer Zeit nur ein einziger Wenn-Dann-Plan formuliert werden. Besonders für Kinder mit ADHS, die oftmals eine verringerte Aufmerksamkeitskapazität aufweisen, und für Kinder, die mit Wenn-Dann-Plänen noch gar nicht vertraut sind, ist es nicht empfehlenswert, mehrere Wenn-Dann-Pläne zur gleichen Zeit zu verfolgen.

Was ist eigentlich ein guter Wenn-Dann-Plan?

Ein kleines Beispiel: Jan wird im Unterricht häufig von seinem Mitschüler Martin abgelenkt. Es soll nun also ein Wenn-Dann-Plan aufgestellt werden, der festlegt, wie Jan sich Martin gegenüber verhalten kann.

Der „Wenn"-Teil eines Wenn-Dann-Plans sollte so formuliert sein, dass er eine möglichst spezifische, für den Schüler leicht erkennbare Situation enthält. Trotzdem ist es wichtig, dass andere Situationen, die ebenfalls eine günstige Handlungsgelegenheit darstellen könnten, nicht ausgeklammert werden.

„Immer wenn Martin mich im Unterricht anquatscht, dann sage ich: ‚Martin, erzähl mir das in der Pause.'" wäre also ein sinnvoller Wenn-Dann-Plan, da er neben dem Zielverhalten exakt die Problemsituation enthält, die es zu ändern gilt.

Wenn Jan jedoch generell zu leicht ablenkbar ist und wenn es nicht nur seinen Mitschüler Martin betrifft, wäre dies im Wenn-Teil zu berücksichtigen. In diesem Fall wäre ein Wenn-Dann-Plan, der alle MitschülerInnen einbezieht, besser: „Immer wenn ein anderes Kind mich im Unterricht anquatscht, dann sage ich: ‚Erzähl mir das in der Pause.'"

Im „Dann"-Teil eines Wenn-Dann-Plans ist genau festgelegt, was beim Eintreten einer Situation (Jan wird von Martin angesprochen) getan wird – hier soll es also keinen „Interpretationsspielraum" geben. Im Wenn-Dann-Plan „Immer wenn Martin mich im Unterricht anquatscht, dann sage ich: ‚Erzähl mir das in der Pause.'" ist genau festgelegt, wie Jan sich verhält, wenn er von Martin angesprochen wird. Es ist also wichtig, den Dann-Teil so präzise und konkret wie möglich zu formulieren. Im Wenn-Dann-Plan „Immer wenn Martin mich anquatscht, dann lasse ich mich nicht ablenken" wäre dies beispielsweise nicht der Fall: In diesem Wenn-Dann-Plan ist nämlich nicht festgelegt, was genau Jan tun soll, wenn er von Martin angesprochen wird – wenn die Situation eintritt, müsste er also zunächst noch entscheiden, wie er sich genau verhält. Damit wäre ein wesentlicher Wirkmechanismus der Wenn-Dann-Pläne, nämlich das automatische Auslösen eines bestimmten Verhaltens beim Eintreten einer bestimmten Situation, gestört.

Schritt 5: Den Wenn-Dann-Plan überprüfen und endgültig festlegen

Im nächsten Schritt schauen Sie nun den Wenn-Dann-Plan gemeinsam an und überlegen, ob dieser in seiner bestehenden Form realistisch durchführbar und gut formuliert ist. Lassen Sie dem Kind genug Freiraum, über diese Frage nachzudenken und zu reflektieren.

Leitfaden: Ist der Wenn-Dann-Plan gut formuliert?

Der Wenn-Teil des Plans

- Bietet die Situation *tatsächlich die beste Handlungsmöglichkeit* oder gibt es eine andere Situation, in der ein Handeln das Ziel noch näher bringen würde? Wenn ja, welche Situation wäre das?
- Gibt es *Situationen*, die nicht im Wenn-Teil stehen, in denen das Kind aber *ebenfalls sinnvoll handeln* könnte (also den „Dann-Teil“ ausführen)? Wenn ja, kann man den Wenn-Teil so umformulieren, dass diese Situationen ebenfalls enthalten sind?
- Ist die Situation *präzise genug formuliert* und kann man die *Situation leicht erkennen*, wenn sie eintritt? Wenn nein, wie kann die Situation umformuliert werden? Was macht eine Situation eindeutig?

Der Dann-Teil des Plans

- Ist der Dann-Teil so formuliert, dass es keinen Interpretationsspielraum bezüglich der Handlung gibt? Wenn nein, was soll das Kind ganz konkret tun?
- Ist die Handlung im Dann-Teil tatsächlich die beste Handlungsmöglichkeit? Wenn nein, welche Handlung wäre besser geeignet, um dem Ziel näher zu kommen?

Am Ende der Überprüfung überträgt die Schülerin den Wenn-Dann-Plan auf ihr persönliches Projektarbeitsblatt.

persönliches Projektarbeitsblatt

Bei der Erstellung des Wenn-Dann-Plans ist es wichtig, darauf zu achten, dass sich die Kinder und Jugendlichen mit dem Wenn-Dann-Plan identifizieren können. Diese Identifikation erreicht man besonders durch das eigenständige Aufstellen-Lassen des Wenn-Dann-Plans. Am Ende der Überprüfung überträgt ein Schüler den Wenn-Dann-Plan auf sein ➲ **persönliches Projektarbeitsblatt.** Damit der Wenn-Dann-Plan gefestigt wird, wird dieser auf dem Projektarbeitsblatt mehrmals niedergeschrieben. Als Gedächtnisstütze kann es helfen, den Wenn-Dann-Plan auf einen Aufkleber zu schreiben. Dieser kann dann an eine Stelle geklebt werden, die das Kind häufig sieht (z.B. auf den Tisch, in das Mäppchen etc.).

Hilfreich kann es außerdem sein, wenn das Kind einen Wenn-Dann-Plan mit folgenden Schritten verbalisiert (Meichenbaum/Goodman 1977):

1 lautes Vorlesen
2 lautes Aussprechen, ohne vorzulesen
3 leises Flüstern
4 Aufsagen des Wenn-Dann-Plans „im Kopf“

Schritt 6: Den Wenn-Dann-Plan durchführen und einen neuen Wenn-Dann-Plan erstellen

Den letzten Schritt muss Ihr Schüler oder Ihre Schülerin alleine gehen – die Durchführung des Plans. Nach einiger Zeit wird er dann selbstständig einen neuen Plan entwickeln und durchführen. Zur „sanften“ Kontrolle können Sie das Kind immer mal wieder nach seinen Plänen fragen oder daran erinnern. Letztlich zeigen die Pläne aber erst dann ihre volle Wirksamkeit im Alltag der Kinder, wenn es diesen gelingt, Wenn-Dann-Pläne als Ressource für selbstkontrolliertes Verhalten zu entdecken und nutzen.

Übersicht über die Trainingsschritte: Wer, wie lange, wo?

Schritt 1: sich selbst einen Überblick verschaffen
Lehrkraft allein, 5–10 Minuten

Schritt 2: gemeinsam ein Ziel festlegen
Lehrkraft und SchülerIn, ca. 10 Minuten

Schritt 3: zielrelevante Situationen und Handlungen auswählen
Lehrkraft und SchülerIn, ca. 10 Minuten

Schritt 4: einen Wenn-Dann-Plan erstellen
- das Prinzip üben
  Lehrkraft und SchülerIn, ca. 5 Minuten
- den Wenn-Dann-Plan formulieren
  Lehrkraft und SchülerIn, ca. 5 Minuten

Schritt 5: den Wenn-Dann-Plan überprüfen und endgültig festlegen
Lehrkraft und SchülerIn, ca. 5 Minuten

Fragen und Antworten zum Training

Meine Schülerin hat überhaupt kein Problembewusstsein und teilt meine Ansichten darüber, welches Verhalten er ändern sollte, nicht.

Es ist sicher keine Seltenheit, dass LehrerInnen und SchülerInnen sich uneinig über zu erreichende Ziele sind. Häufig kommt es auch vor, dass sich Kinder und Jugendliche der Tragweite ihrer Verhaltensweisen nicht bewusst sind. Ein erster Schritt vor der Zielfestlegung muss dann ein ausführliches Gespräch sein, in dem zunächst übergeordnete Ziele des Kindes oder Jugendlichen besprochen werden. Wo sieht sich der Schüler in einigen Jahren? Was möchte die Schülerin in der Zukunft erreichen? Dies stellt einen guten Ausgangspunkt dar, von dem Sie schrittweise zurück gehen können, um schließlich den Einfluss des heutigen Verhaltens auf einen späteren, möglichen Erfolg deutlich zu machen. Somit kann das Bewusstsein für ein problematisches Verhalten gestärkt werden – was nicht gleichzusetzen ist mit einer Garantie, dass die SchülerInnen dieselben Aspekte wie Lehrkräfte wahrnehmen.

Mit einem meiner Schüler kann ich mich partout nicht auf ein Ziel und/oder einen Wenn-Dann-Plan einigen.

Lassen Sie den Schüler ganz offen und selbstständig verschiedenste Ideen entwickeln und versuchen Sie, anhand dieser Ideen einen Eindruck von den näheren Handlungszielen in Bezug auf schulische Leistungen des Schülers zu erhalten. Bedenken Sie dabei immer, dass die vom Schüler empfundenen Schulschwierigkeiten nicht mit denen übereinstimmen müssen, die Sie als LehrerIn bei diesem Schüler wahrnehmen. Versuchen Sie herauszufinden, ob möglicherweise Zeitpunkt und die generelle Gesprächssituation problematisch sind oder ob sie sich deshalb nicht auf Ziele und Pläne verständigen können, weil die Ansichten der Schüler unrealistisch sind. Für den Erfolg der Wenn-Dann-Pläne ist es eben von großer Bedeutung, dass die Motivation zur Verhaltensänderung vom Schüler selbst kommt.

Was mache ich, wenn meiner Schülerin kein Wenn-Dann-Plan einfällt?

Für den Fall, dass es Ihnen schwer fallen sollte, gemeinsam einen Plan zu finden, können Sie sich an dem ➲ **Arbeitsblatt 3** orientieren. Dort finden Sie unterschiedliche Vorschläge für Wenn-Dann-Pläne, die auf die besonderen Probleme von Kindern mit ADHS im Schulunterricht abgestimmt sind.

Wie lange soll mein Schüler den Plan verfolgen?

Hierfür gibt es keine feste Regel. Die Dauer sollte von Ihrem Schüler selbst entschieden werden.

Ab welchem Alter können Wenn-Dann-Pläne hilfreich sein?

Natürlich ist es vom einzelnen Kind abhängig, ab welchem Alter die Wenn-Dann-Pläne effektiv zur Handlungskontrolle eingesetzt werden können. Ganz allgemein können Wenn-Dann-Pläne bereits bei SchülerInnen ab der ersten Grundschulklasse verwendet werden. Es gibt mittlerweile erste Hinweise darauf, dass bereits Vorschulkinder bei bestimmten Aufgaben von solchen Plänen in Bezug auf ihre Wünsche und Vorhaben profitieren können.

Wie kann ich den Erfolg der Wenn-Dann-Pläne erfassen?

Für dieses Trainingsprogramm ist es nicht vorgesehen, den Erfolg der Pläne im Einzelfall zu evaluieren. Dies ist in Zusammenhang mit persönlich gesetzten individuellen Zielen und Wenn-Dann-Plänen sowieso schwierig, da sich das Ausmaß der Zielerreichung nicht leicht objektivieren lässt. Oft können auch erwachsene Anwender von Wenn-Dann-Plänen nicht gut Auskunft darüber geben, ob ein Plan zum Erfolg geführt hat oder nicht. Das wichtigste Kriterium sollte hier die Anwendungsfreundlichkeit sein: Fragen Sie die SchülerInnen direkt danach, wie angenehm und nachvollziehbar sie die Methode der Wenn-Dann-Pläne finden. Denn: Wenn diese Pläne Eingang in den Alltag finden und regelmäßig in verschiedensten Lebensbereichen eingesetzt werden, wird sich „automatisch" ein Erfolg einstellen und eine verbesserte Selbstregulation nach sich ziehen.

Zudem können Sie mit dem Kind auch besprechen, ob das gesetzte Ziel/der gesetzte Wenn-Dann-Plan wirklich der relevanteste ist oder ob zum Beispiel ein anderer Wenn-Dann-Plan besser zur Zielerreichung geeignet wäre.

Wie kann ich die Wenn-Dann-Pläne in den Unterricht einbetten?

Generell bedarf es keiner Einbettung der Wenn-Dann-Pläne in den Unterricht, da das Kind nach dem Besprechen der Ziele und Pläne selbstständig damit arbeiten kann.

Falls Sie die Wenn-Dann-Pläne in Gruppen von Kindern einsetzen möchten: In kleinen Gruppen (von bis zu fünf SchülerInnen) haben wir bislang gute Erfahrungen damit gemacht, die Wenn-Dann-Pläne mit der ganzen Gruppe zu besprechen. Dabei können sich SchülerInnen häufig auch gegenseitig Tipps geben für Situationen bzw. Strategien, die in den Wenn-Dann-Plan eingefügt werden.

Unter Umständen könnten Sie auch einen Wenn-Dann-Plan („Immer wenn ich das Stoppsignal hochhalte, dann ist die Klasse ruhig.“) für die ganze Gruppe/Klasse entwickeln. Dadurch, dass die Pläne übergreifend, in verschiedenen Fächern, bezogen auf verschiedenste schulische Anliegen anwendbar sind, gibt es keine Einschränkungen durch bestimmte Unterrichtsarten bzw. -formen. Der große Vorteil dieser Pläne ist, dass sie leicht zu erklären und anzuwenden sind. Wenn-

Dann-Pläne sind also ein einfache, „kostengünstige“ Form zur Verbesserung der Handlungskontrolle und Selbstregulation.

Soll ich die Eltern in das Training miteinbeziehen?

Ja und Nein. Sie sollten die Eltern auf jeden Fall darüber informieren, dass Sie ein kleines Trainingsprogramm durchführen. Sie können hierzu das ➲ **Infoblatt** für Eltern nutzen. Es ist jedoch nicht sinnvoll, die Eltern in die eigentliche Trainingsplanung mit einzubeziehen. Wenn die Eltern etwa parallel zu Ihrem Vorgehen zuhause mit dem Kind ebenfalls Wenn-Dann-Pläne aufstellen, kann das auch kontraproduktiv wirken.

Kann ich die Wenn-Dann-Pläne nur bei Kindern und Jugendlichen mit ADHS anwenden?

Nein, Wenn-Dann-Pläne sind grundsätzlich für alle Kinder und Jugendlichen, und auch für Erwachsene, geeignet. Es ist aber nur dann sinnvoll, sie einzusetzen, wenn das zu erreichende Ziel gewünscht wird und eine tatsächliche Herausforderung darstellt.

Literatur

American Psychiatric Association (APA) (2013): Diagnostic and statistical manual of mental disorders, 5. Aufl. Arlington, VA, American Psychiatric Association

AWMF (2017): S3-Leitlinie ADHS bei Kindern, Jugendlichen und Erwachsenen. https://www.awmf.org/leitlinien/detail/ll/028-045.html, 21.07.2022

Bachmann, C. J., Philipsen, A. & Hoffmann, F. (2017): ADHS in Deutschland: Trends in Diagnose und medikamentöser Therapie. Deutsches Ärzteblatt Int. 114, 141–148

Chronis, A. M., Chacko, A., Fabiano, G. A., Wymbs, B. T. & Pelham, W. E. (2004): Enhancements to the behavioral parent training paradigm for families of children with ADHD: Review and future directions. Clinical Child and Family Psychology Review 7(1), 1–27

Chronis, A. M., Jones, H. A. & Raggi, V. L. (2006): Evidence-based psychosocial treatments for children and adolescents with attention-deficit/hyperactivity disorder. Clinical Psychology Review 26(4), 486–502

Döpfner, M. & Banaschewski, T. (2013): Aufmerksamkeitsdefizit-/Hyperaktivitätsstörungen (ADHS). In: Petermann, F. (Hrsg.): Lehrbuch der klinischen Kinderpsychologie. 7. Aufl. Hogrefe, Göttingen, 271–290

Döpfner, M., Schürmann, S. & Frölich, J. (2013): Therapieprogramm für Kinder mit hyperkinetischem und oppositionellem Problemverhalten. Beltz, Weinheim

Eichhorn, C. (2017): Classroom Management. 9. Aufl. Klett Cotta Verlag, Stuttgart

Gawrilow, C. (2016): Lehrbuch ADHS. 2. Aufl. Ernst Reinhardt Verlag, München

Gawrilow, C., Gollwitzer, P. M. & Oettingen, G. (2011a): If-then plans benefit executive functions in children with ADHD. Journal of Social and Clinical Psychology 30(6), 616–646

Gawrilow, C., Gollwitzer, P. M. & Oettingen, G. (2011b): If-then plans benefit delay of gratification performance in children with and without ADHD. Cognitive Therapy and Research 35, 442–455

Gawrilow, C., Morgenroth, K., Schultz, R., Oettingen, G. & Gollwitzer, P. M. (2013): Mental contrasting with implementation intentions enhances self-regulation of goal pursuit in schoolchildren at risk for ADHD. Motivation and Emotion 37, 134–145

Gollwitzer, P. M. (1999): Implementation intentions: Strong effects of simple plans. American Psychologist 54(7), 493–503

Gollwitzer, P. M. & Sheeran, P. (2006): Implementation intentions and goal achievement: A meta-analysis of effects and processes. Advances in Experimental Social Psychology 38(6), 69–119

Guderjahn, L., Gold, A., Stadler, G. & Gawrilow, C. (2013): Self-regulation strategies support children with ADHD to overcome symptom-related behavior in the classroom. Attention Deficit and Hyperactivity Disorders, 5(4), 397–407

Hinshaw, S. P. & Arnold, L. E. (2015): Attention-deficit hyperactivity disorder, multimodal treatment, and longitudinal outcome: Evidence, paradox, and challenge. Wiley Interdisciplinary Reviews: Cognitive Science 6(1), 39–52

Hinshaw, S. P., Klein, R. & Abikoff, H. (2007): Childhood attention-deficit/hyperactivity disorder: Nonpharmacological treatments and their combination with medication. In: Nathan, P. E., Gorman, V. (Hrsg.): A Guide to Treatments that Work. 5. Aufl. Oxford University, New York, 2–27

Hoberg, K. (2018): Schulratgeber ADHS. Ein Leitfaden für LehrerInnen. 2. Aufl. Ernst Reinhardt Verlag, München

Jensen, P. S., Hinshaw, S. P., Swanson, J. M., Greenhill, L. L., Conners, C. K., Arnold, L. E., Abikoff, H. B. et al. (2001): Findings from the NIMH multi-modal treatment study of ADHD (MTA): Implications and applications for primary care providers. Journal of Developmental and Behavioral Pediatrics 22(1), 60–73

Krowatschek, D., Krowatschek, G. & Reid, C. (2017): Marburger Konzentrationstraining (MKT) für Schulkinder. 10. Aufl. modernes lernen, Dortmund

Krowatschek, D. & Wingert, G. (2019). Das neue Marburger Verhaltenstraining (MVT). Kinder wahrnehmen – stärken – begleiten. Ein ressourcenorientiertes Programm für die Praxis. modernes lernen, Dortmund

KMK (2010): Förderstrategie für leistungsschwächere Schülerinnen und Schüler (Beschluss der Kultusministerkonferenz vom 04.03.2010). In: http://www.kmk.org/fileadmin/veroeffentlichungen_beschluesse/2010/2010_03_04-Foerderstrategie-Leistungsschwaechere.pdf, 12.06.2018

KMK (2011): Inklusive Bildung von Kindern und Jugendlichen mit Behinderungen in Schulen (Beschluss der Kultusministerkonferenz vom 20.10.2011). In: http://www.dgfe.de/fileadmin/OrdnerRedakteure/Sektionen/Sek06_SondPa-ed/KMK_2011_Inklusive_Bildung_von_Kindern_und_Jugendlichen_mit_Behinderungen_in_Schulen.pdf, 12.06.2018

Lauth, G. W. (2014): ADHS in der Schule: Übungsprogramm für Lehrer (mit E-Book inside und Arbeitsmaterial). Psychologie VerlagsUnion, Weinheim

Lauth, G. W. & Schlottke, P. F. (2009): Training mit aufmerksamkeitsgestörten Kindern. 6. Aufl. Psychologie VerlagsUnion, Weinheim

Linderkamp, F., Hennig, T. & Schramm, S. A. (2011): ADHS bei Jugendlichen: Das Lerntraining LeJA. Beltz, Weinheim

Meichenbaum, D. & Goodman, S. (1977): The nature and modification of impulsivity. Topics in Child Neurology. New York: Spectrum Publications.

Mischel, W., Shoda, Y., & Rodriguez, M. I. (1989): Delay of gratification in children. Science, 244(4907), 933–938

Molina, B. S. G., Hinshaw, S. P., Swanson, J. M., Arnold, L. E., Vitiello, B., Jensen, P. S. & the MTA Cooperative Group (2009): The MTA at 8 years: Prospective follow-up of children treated for combined-type ADHD in a multisite study. Journal of the American Academy of Child & Adolescent Psychiatry, 48(5), 484–500

Montoya, A., Colom, F. & Ferrin, M. (2011): Is psychoeducation for parents and teachers of children and adolescents with ADHD efficacious? A systematic literature review. European Psychiatry 26(3), 166–175

MTA Cooperative Group (1999a): A 14-month randomized clinical trial of treatment strategies for attention-deficit/hyperactivity disorder. Archives of General Psychiatry 56, 1073–1088

MTA Cooperative Group (1999b): Moderators and mediators of treatment response for children with attention-deficit/hyperactivity disorder. Archives of General Psychiatry 56, 1088–1096

Oettingen, G. (1996): Positive fantasy and motivation. In P. M. Gollwitzer & J. A. Bargh (Hrsg.): The psychology of action: Linking cognition and motivation to behavior. Guilford, New York, 236–259

Oettingen, G., Pak, H. & Schnetter, K. (2001): Self-regulation of goal-setting: Turning free fantasies about the future into binding goals. Journal of Personality and Social Psychology 80, 736–753

Oettingen, G. (2014): Rethinking positive thinking: Inside the new science of motivation. London: Current Publishing.

Reid, R., Trout, A. L. & Schartz, M. (2005): Self-regulation interventions for children with ADHD. Exceptional Children 71, 361–377

Ryan, J. B., Katsiyannis, A. & Hughes, E. M. (2011): Medication treatment for attention deficit hyperactivity disorder. Theory into Practice 50, 52–60

Schmid, J., Stadler, G., Dirk, J., Fiege, C., & Gawrilow, C. (2016): ADHD symptoms in adolescents' everyday life: Fluctuations and symptom structure within and between individuals. Journal of Attention Disorders. Advance Online Publication. doi:10.1177/108705471662921

WHO (1991): Internationale Klassifikation psychischer Störungen: ICD 10, Kapitel V. Huber, Bern

WHO (2019): International Statistical Classification of Diseases and Related Health Problems (11th ed.) https://icd.who.int/, 22.07.2022

Materialien

- Informationsblatt für Eltern
- Arbeitsblatt 1: Welche Ziele hast Du?
- Arbeitsblatt 2: Festlegen des Wenn-Dann-Plans
- Arbeitsblatt 3: Beispiele von Zielen und Wenn-Dann-Plänen
- Beispiele für bearbeitete Arbeitsblätter 1 & 2

Informationen für Eltern

Liebe Eltern,

ich arbeite in der Klasse Ihres Sohnes/Ihrer Tochter mit einem Trainingsprogramm zur Verbesserung der Selbstkontrolle von Kindern und Jugendlichen. An dieser Stelle möchte ich Sie kurz über das Programm informieren:

Im Rahmen des Programms werde ich mit Ihrem/r Sohn/Tochter gemeinsam ein Ziel für die nächsten Wochen vereinbaren.

Wir werden dann überlegen, wie Ihr/e Sohn/Tochter dieses Ziel erreichen kann und darauf aufbauend einen Plan formulieren, der festhält, wie am Ziel gearbeitet werden soll.

Das Training macht Ihre Mitarbeit nicht explizit notwendig. Ich werde Sie aber gerne über den Erfolg auf dem Laufenden halten.

Herzliche Grüße

Arbeitsblatt 1: Welche Ziele hast Du?

Welche Ziele möchtest Du in der Schule erreichen? Schreibe die drei wichtigsten Ziele auf, die Du erreichen willst.

Bitte setze nun hinter das Ziel, das Dir am allerwichtigsten ist, eine „1“, hinter das Ziel, das Dir am zweitwichtigsten ist, eine „2“ und hinter das Ziel, das Dir am wenigsten wichtig ist, eine „3“.

Es ist gut, sich erst mal auf ein einziges Ziel zu konzentrieren. Daher schreibe jetzt hier das Ziel auf, hinter das du eine „1“ geschrieben hast:

Mein wichtigstes Ziel ist:

Lege nun fest, in welcher Zeit Du das Ziel erreichen willst:

Ich möchte mein Ziel innerhalb von ______ (Wochen) erreichen.

Arbeitsblatt 2: Einen Wenn-Dann-Plan erstellen

Liebe/r ___________!

Du hast Dir gerade ein neues Ziel gesetzt. Das ist prima!
Um ein Ziel zu erreichen, ist es wichtig, zu überlegen, *wie* Du dieses Ziel erreichen könntest.
Jetzt überlege genau: Was könntest Du tun, um Dein Ziel zu erreichen? Und in welcher Situation würdest Du das tun?

Beispiel:

Stell Dir vor, Dein Ziel wäre es, Taschengeld zu sparen, um Dir etwas Größeres kaufen zu können.

Ziel: Taschengeld sparen
Jetzt gibt es natürlich viele Möglichkeiten, Geld einzusparen. Hier sind einige aufgelistet:

1. **Was kann ich tun?** Nur noch 50 Cent für Süßigkeiten ausgeben.
   In welcher Situation? Am Kiosk nach der Schule.
2. **Was kann ich tun?** Meinen Freund fragen, ob er mir seine Zeitschrift leihen kann, anstatt sie selbst zu kaufen.
   In welcher Situation? Wenn mein Freund die Zeitschrift dabei hat.
3. **Was kann ich tun?** Meine Oma fragen, ob ich ihr für eine kleine Belohnung zuhause helfen darf.
   In welcher Situation? Montagnachmittag, wenn ich bei meiner Oma bin.

Jetzt bist Du dran: Was könntest Du tun, um Dein Ziel zu erreichen? Und in welcher Situation?

1. **Was kann ich tun?** ______________________________

____

____

In welcher Situation? ______________________________

____

____

2. **Was kann ich tun?** ______________________________

____

____

In welcher Situation? ______________________________

____

____

3. **Was kann ich tun?** ______________________________

____

____

In welcher Situation? ______________________________

____

____

4. **Was kann ich tun?** ______________________________

____

____

In welcher Situation? ______________________________

____

____

5. **Was kann ich tun?** ______________________________

____

____

In welcher Situation? ______________________________

____

____

Jetzt hast Du schon einige Dinge zusammengetragen und auch Situationen, in denen Du diese Dinge machen könntest. Im nächsten Schritt überleg' Dir, welche der formulierten Möglichkeiten Du auswählen willst, um Dein Ziel zu erreichen. Das kannst Du einfach oben markieren.

Diese Möglichkeit kann man nun in einen Wenn-Dann-Plan umwandeln. Wenn-Dann-Pläne haben immer eine festgelegte Form. Hier ist das an den ersten beiden Beispielen erläutert:
„*Immer wenn* ich nach der Schule zum Kiosk gehe, *dann* gebe ich nur noch 50 Cent für Süßigkeiten aus."
„*Immer wenn* mein Freund die Zeitschrift dabei hat, *dann* frage ich ihn, ob er sie mir leihen kann. "
Nun versuche selbst, das dritte Beispiel in einen Plan umzuwandeln:

Immer wenn ______________________________

______________________________,

dann ______________________________

____

Nachdem Du geübt hast, wie man selbst Pläne aufstellt, versuche nun, dies für Dein eigenes Ziel zu machen.

Schreibe hier zunächst nochmal auf, was Dein persönliches Ziel ist – was möchtest Du in Bezug auf die Schule erreichen?

Ziel: ______________________________

____

Du hast oben bereits markiert, was Du tun willst, um Dein Ziel zu erreichen und in welcher Situation. Damit Du Dir das besonders gut merken kannst, formuliere nun einen Wenn-Dann-Plan. Schreibe ihn drei Mal auf, damit Du ihn besser behältst.

Immer wenn ____________________

____________________,

dann ____________________

____________________.

Immer wenn ____________________

____________________,

dann ____________________

____________________.

Immer wenn ____________________

____________________,

dann ____________________

____________________.

Arbeitsblatt 3: Beispiele von Zielen und Wenn-Dann-Plänen

Ziel: Nicht mehr im Unterricht reinrufen.
Wenn-Dann-Plan: Immer wenn ich etwas sagen möchte, dann melde ich mich und warte bis ich dran genommen werde.
Wenn-Dann-Plan: Immer wenn mir etwas einfällt und ich habe Angst, es zu vergessen, dann mache ich mir eine kleine Notiz.

Ziel: Hausaufgaben regelmäßig erledigen.
Wenn-Dann-Plan: Immer wenn ich von der Schule nach Hause komme, dann esse ich und mache direkt meine Hausaufgaben.
Wenn-Dann-Plan: Immer wenn ich Hausaufgaben bekomme, dann schreibe ich sie sofort in mein Aufgabenheft.
Wenn-Dann-Plan: Immer wenn ich aus dem Hort nachhause komme, dann kontrolliere ich nochmal, ob ich alle Hausaufgaben erledigt habe.

Ziel: Vollständige Arbeitsmaterialien dabei haben.
Wenn-Dann-Plan: Immer wenn ich mit dem Abendessen fertig bin, dann schaue ich auf meinen Stundenplan und packe meinen Ranzen.
Wenn-Dann-Plan: Immer wenn ich am nächsten Tag Sport habe, dann packe ich ein T-Shirt, eine Hose und meine Sportschuhe in den Turnbeutel.

Ziel: Arbeitsmaterialien organisieren.
Wenn-Dann-Plan: Immer wenn ich neue Arbeitsblätter bekommen, dann hefte ich sie direkt in den richtigen Ordner ein.

Ziel: Streit nicht eskalieren lassen.
Wenn-Dann-Plan: Immer wenn Martin mich beschimpft, dann atme ich tief ein und aus und ignoriere ihn.
Wenn-Dann-Plan: Immer wenn ich einen wichtigen Konflikt mit Anna habe, dann bespreche ich das mit ihr in Ruhe nach der Schule, wenn ich mich beruhigt habe.

Ziel: Zappeligkeit kontrollieren.
Wenn-Dann-Plan: Immer wenn ich innerlich unruhig werde, dann mache ich die Augen zu und spanne fünf Mal meine Fäuste ganz fest an.
Wenn-Dann-Plan: Immer wenn ich merke, dass ich zappeln muss, dann spanne ich kurz meine Arme und Beine ganz fest an.

Ziel: Besser Aufpassen im Unterricht.
Wenn-Dann-Plan: Immer wenn ich mit meinen Gedanken abschweife, dann hole ich mich schnell zurück und konzentriere mich extra doll auf meine Aufgaben.
Wenn-Dann-Plan: Immer wenn Sara mich ablenkt, dann sage ich „Sara, jetzt nicht. Erzähl mir das später".
Wenn-Dann-Plan: Immer wenn ich merke, dass ich nicht mehr mitkomme und abschalte, dann bitte ich meinen Lehrer mir zu sagen, wo wir gerade sind.

Ziel: Weniger Flüchtigkeitsfehler machen.
Wenn-Dann-Plan: Immer wenn ich einen Text schreibe, dann kontrolliere ich am Schluss die Rechtschreibung.
Wenn-Dann-Plan: Immer wenn ich eine Aufgabe bearbeite, dann gehe ich zunächst die Anweisung Schritt für Schritt und in Ruhe durch.
Wenn-Dann-Plan: Immer wenn ich eine Matheaufgabe rechne, dann nehme ich mir die Zeit, sie nochmal zu kontrollieren.

Ziel: Mehr am Unterricht beteiligen.
Wenn-Dann-Plan: Immer wenn die Lehrerin eine Frage stellt und ich die Antwort weiß, dann melde ich mich.

Ziel: Auf Klassenarbeiten besser vorbereitet sein.
Wenn-Dann-Plan: Immer wenn eine Klassenarbeit angekündigt wird, dann beginne ich direkt mit dem Lernen.
Wenn-Dann-Plan: Immer wenn eine Klassenarbeit angekündigt wird, dann verabrede ich mich mit Stefan am Wochenende vorher zum Lernen.

Beispiele für bearbeitete Arbeitsblätter 1 & 2

Arbeitsblatt 1: Welche Ziele hast Du?

Welche Ziele möchtest Du in der Schule erreichen? Schreibe die drei wichtigsten Ziele auf, die Du erreichen willst.

Bessere Noten schreiben 2

Nicht mehr mit Kathrin Streit anfangen 3

Nicht mehr zu spät kommen 1

Bitte setze nun hinter das Ziel, das Dir am allerwichtigsten ist, eine „1“, hinter das Ziel, das Dir am zweitwichtigsten ist, eine „2“ und hinter das Ziel, das Dir am wenigsten wichtig ist, eine „3“.

Es ist gut, sich erst mal auf ein einziges Ziel zu konzentrieren. Daher schreibe jetzt hier das Ziel auf, hinter das du eine „1“ geschrieben hast:

Mein wichtigstes Ziel ist:

Nicht mehr zu spät kommen.

Lege nun fest, in welcher Zeit Du das Ziel erreichen willst:

Ich möchte mein Ziel innerhalb von 3 (Wochen) erreichen.

Arbeitsblatt 2: einen Wenn-Dann-Plan erstellen

Liebe Steffi!

Du hast Dir gerade ein neues Ziel gesetzt. Das ist prima!
Um ein Ziel zu erreichen, ist es wichtig, zu überlegen, *wie* Du dieses Ziel erreichen könntest.
Jetzt überlege genau: Was könntest Du tun, um Dein Ziel zu erreichen? Und in welcher Situation würdest Du das tun?

Beispiel:

Stell Dir vor, Dein Ziel wäre es, Taschengeld zu sparen, um Dir etwas Größeres kaufen zu können.

Ziel: Taschengeld sparen
Jetzt gibt es natürlich viele Möglichkeiten, Geld einzusparen. Hier sind einige aufgelistet:

1. Was kann ich tun? Nur noch 50 Cent für Süßigkeiten ausgeben
   In welcher Situation? Am Kiosk nach der Schule.
2. Was kann ich tun? Meinen Freund fragen ob er mir seine Zeitschrift leihen kann, anstatt sie selbst zu kaufen
   In welcher Situation? Wenn mein Freund die Zeitschrift dabei hat.
3. Was kann ich tun? Meine Oma fragen, ob ich ihr für eine kleine Belohnung zuhause helfen darf.
   In welcher Situation? Montagnachmittag, wenn ich bei meiner Oma bin.

Jetzt bist Du dran: Was könntest Du tun, um Dein Ziel zu erreichen? Und in welcher Situation?

1. Was kann ich tun?

Den Wecker früher stellen

In welcher Situation?

Abends, wenn ich ins Bett gehe

2. Was kann ich tun?

Nicht mehr trödeln

In welcher Situation?

Morgens auf dem Schulweg

3. Was kann ich tun?

Ranzen früher packen und kontrollieren

In welcher Situation?

Abends, bevor ich ins Bett gehe

4. Was kann ich tun?

Mit dem Fahrrad fahren statt laufen

In welcher Situation?

Morgens, wenn ich spät dran bin

5. Was kann ich tun?

In welcher Situation?

Jetzt hast Du schon einige Dinge zusammengetragen und auch Situationen, in denen Du diese Dinge machen könntest. Im nächsten Schritt überleg' Dir, welche der formulierten Möglichkeiten Du auswählen willst, um Dein Ziel zu erreichen. Das kannst Du einfach oben markieren.

Diese Möglichkeit kann man nun in einen Wenn-Dann-Plan umwandeln. Wenn-Dann-Pläne haben immer eine festgelegte Form. Hier ist das an den ersten beiden Beispielen erläutert:
„*Immer wenn* ich nach der Schule zum Kiosk gehe, *dann* gebe ich nur noch 50 Cent für Süßigkeiten aus."
„*Immer wenn* mein Freund die Zeitschrift dabei hat, *dann* frage ich ihn, ob er sie mir leihen kann. "
Nun versuche selbst, das dritte Beispiel in einen Plan umzuwandeln:

Immer wenn ______

ich Montagnachmittag bei meiner Oma bin,

dann ______

frage ich sie, ob ich ihr für eine kleine Belohnung helfen darf.

Nachdem Du geübt hast, wie man selbst Pläne aufstellt, versuche nun, dies für Dein eigenes Ziel zu machen.

Schreibe hier zunächst nochmal auf, was Dein persönliches Ziel ist – was möchtest Du in Bezug auf die Schule erreichen?

Ziel: ______

Nicht mehr zu spät kommen.

Du hast oben bereits markiert, was Du tun willst, um Dein Ziel zu erreichen und in welcher Situation. Damit Du Dir das besonders gut merken kannst, formuliere nun einen Wenn-Dann-Plan. Schreibe ihn drei Mal auf, damit Du ihn besser behältst.

Immer wenn

ich abends ins Bett gehe ,

dann

packe ich zuerst meinen Ranzen und kontrolliere ihn .

Immer wenn

ich abends ins Bett gehe ,

dann

packe ich zuerst meinen Ranzen und kontrolliere ihn .

Immer wenn

ich abends ins Bett gehe ,

dann

packe ich zuerst meinen Ranzen und kontrolliere ihn .